シリーズ「遺跡を学ぶ」168

倭人伝に記された伊都国の実像
三雲・井原遺跡

河合 修・平尾和久

新泉社

倭人伝に記された伊都国の実像

―三雲・井原遺跡―

河合　修・平尾和久

【目次】

装　幀　新谷雅宣
本文図版　松澤利絵

第1章　鏡の王国と「魏志」倭人伝

1　鏡の王国

大量の鏡を副葬した三つの弥生王墓

今をさかのぼること約二〇〇年前の、文政五年（一八二二）二月二日のこと。当時、福岡藩領であった筑前国怡土《いと》郡三雲《みくも》村（現在の福岡県糸島《いとしま》市三雲）で考古学上の重大な発見があった。三雲村農長の清四郎宅の南隣、細石《さざれいし》神社後方三十間ばかりの南小路の畑で、土塀を築くための土をとっていたところ、三尺余（約一メートル）の深さで、鋒《きっさき》を上にした状態で一本の銅剣が掘り出され、その脇に銅戈《どうか》一本、その下に朱が詰まった小壺、さらに掘り下げると巨大な甕《かめ》棺《かん》が掘り出されたのである。のちに「三雲南小路王墓《みくもみなみしょうじおうぼ》」とよばれるようになる弥生時代中期後半の墳墓が発見された瞬間であった。

その後、この大甕（甕棺）のなかからは、古鏡大小三五面、銅矛大小二点、ガラス勾玉《まがたま》と多量のガラス管玉《くだたま》、ガラス璧《へき》といった豊富な副葬品が掘り出された。この顛末は、福岡藩の国学者であった青柳種信《あおやぎたねのぶ》が著した『柳園古器略考《りゅうえんこきりゃくこう》』において、出土品が個別に図入りで説明され、銅鏡の銘文が隷書であることから漢から伝わったものであるなど、考古学的な考証を加えて記録されている。

その『柳園古器略考』には、三雲南小路王墓が発見される四〇年ほど前の天明年間（一七八一～一七八九）にも、三雲村と境を接する井原《いわら》村内の「鑓溝《やりみぞ》」とよばれた地点で、朱などとともに「壺」が発見され、そのなかから古鏡数十、鎧の板のごときもの、刀剣類が出土したとの伝聞も記されている。この発見当時の遺物は現存が確認できないが、発見した次市という農民の家に当時保管されていた遺物について拓本と模写図が残されており、それによると銅鏡は一九面以上、大型の巴形《ともえがた》銅器三点が出土していたことがわかる。

この天明年間に発見された墳墓については、現在

図1 ● 糸島半島から望む玄界灘
糸島半島から玄界灘の西方沖を望むと壱岐島（一支国）や松浦地方（末盧国）などをみわたせる。

までその位置が特定されていないが、副葬品の内容から弥生時代後期前半の厚葬墓（多くの副葬品とともに手厚く葬られた有力者の墓）と考えられ、現在は「井原鑓溝《いわらやりみぞ》王墓」とよばれている。

そして江戸時代の発見から一四〇年以上たった一九六五年一月のこと。今度は三雲南小路王墓から北西に一・四キロほど離れた、曽根《そね》丘陵の先端にあたる平原《ひらばる》集落裏手の畑において、さらなる大発見があった。当地でミカンの植樹のために溝を掘削していたところ、突如、朱とともに地中から湧き出るかのように多量の銅鏡片群が出土したのである（**図2**）。弥生時代終末の厚葬墓「平原王墓」の発見であった。

この発見の報告を契機に、糸島出身の考古学者、原田《はらだ》大六《だいろく》氏を調査主任として発掘調査が開始され、その結果、これら大量の鏡片は墳丘をともなった方形周溝墓《ほうけいしゅうこうぼ》（1号墓）の副葬品であったことが判明する。平原王墓からは、日本最大級の超大型内行花文鏡《ないこうかもんきょう》をはじめとする三九面分（のちに四〇面分と修正される）の銅鏡片やガラス製品、素環頭《そかんとう》大刀《たち》など、日本列島における弥生時代の厚葬墓としては随一ともいえる豊富な副葬品が出土した。

図2 ● 平原王墓における銅鏡の出土状況
多量の銅鏡の副葬は、伊都国の歴代王墓の特徴といえる。
平原王墓では40面分もの銅鏡が割れた状態で出土した。

「三雲南小路王墓」、「井原鑓溝王墓」、「平原王墓」、これら三つの墳墓の共通点は、数十面もの多量の銅鏡を副葬していることである。弥生時代の墳墓の副葬品のなかでもとくに重要視されたのは銅鏡であるが、その銅鏡をひとつの墳墓に数十面も集中して保有し、限られたエリアの三つの墳墓でじつに一〇〇面近い銅鏡が出土していることになる。このように銅鏡が集中して出土する地域は、ほかにはない。いかにこの地域の弥生時代の首長層が銅鏡を好み重要視していたかのあらわれといえるだろう。まさに「鏡の王国」がこの地に存在していたのである。

玄界灘に突き出た「龍の首」糸島

これらの王墓が所在するのは、福岡県糸島市。糸島市は、九州の北部に位置し、北は玄界灘に面し、西を佐賀県唐津市、東を福岡市に接する、現在は人口一〇万人ほどの市である（図3）。地理的には朝鮮半島まで直線で二〇〇キロあまり。日本列島のなかで、中国大陸・朝鮮半島に距離的に近く、玄界灘の海上交易における要衝の地であり、古代より現代にいたるまで大陸との文化・経済・政治的な交流の結節点として重要な役割を担ってきた。

その地形は、玄界灘につきでた半島の形から「龍の首」と称されることがある。波荒い玄界灘によって形成された海食崖《かいしょくがい》と砂浜が交互に展開して風光明媚な海岸線が続き、大小の入り江が多く分布する。糸島半島の付け根には東西から内海が大きく切りこみ、古来は波静かな天然の良港が形成されていた。

引津《ひきつ》湾や加布里《かふり》湾、深江《ふかえ》湾など、玄界灘沿岸の臨海部には、縄文時代後期以降、多くの貝塚や港津《こうしん》集落が形成された。糸島の人びとは、さまざまな資源獲得や交易・交換活動のため、船をつくり海峡を東西南北に往来しており、糸島を起点として北は壱岐《いき》・対馬《つしま》そして朝鮮半島・中国大陸へ、西は松浦《まつうら》から西北九州、東は福岡平野ひいては日本海沿岸部や瀬戸内・近畿へ、南は陸づたいに有明海沿岸部へと直接的・間接的に広範囲な交流をおこなっていたと考えられる。

一方、南方は標高一〇〇〇メートル級の脊振山《せふりさん》系の山なみがつづき、山の麓の平野部、とくに糸島最大の怡土平野には弥生時代以降水田が営まれ、農業生産力においても秀でた地域である。まさに天然の海の幸、山の幸両方に恵まれた地域であった。

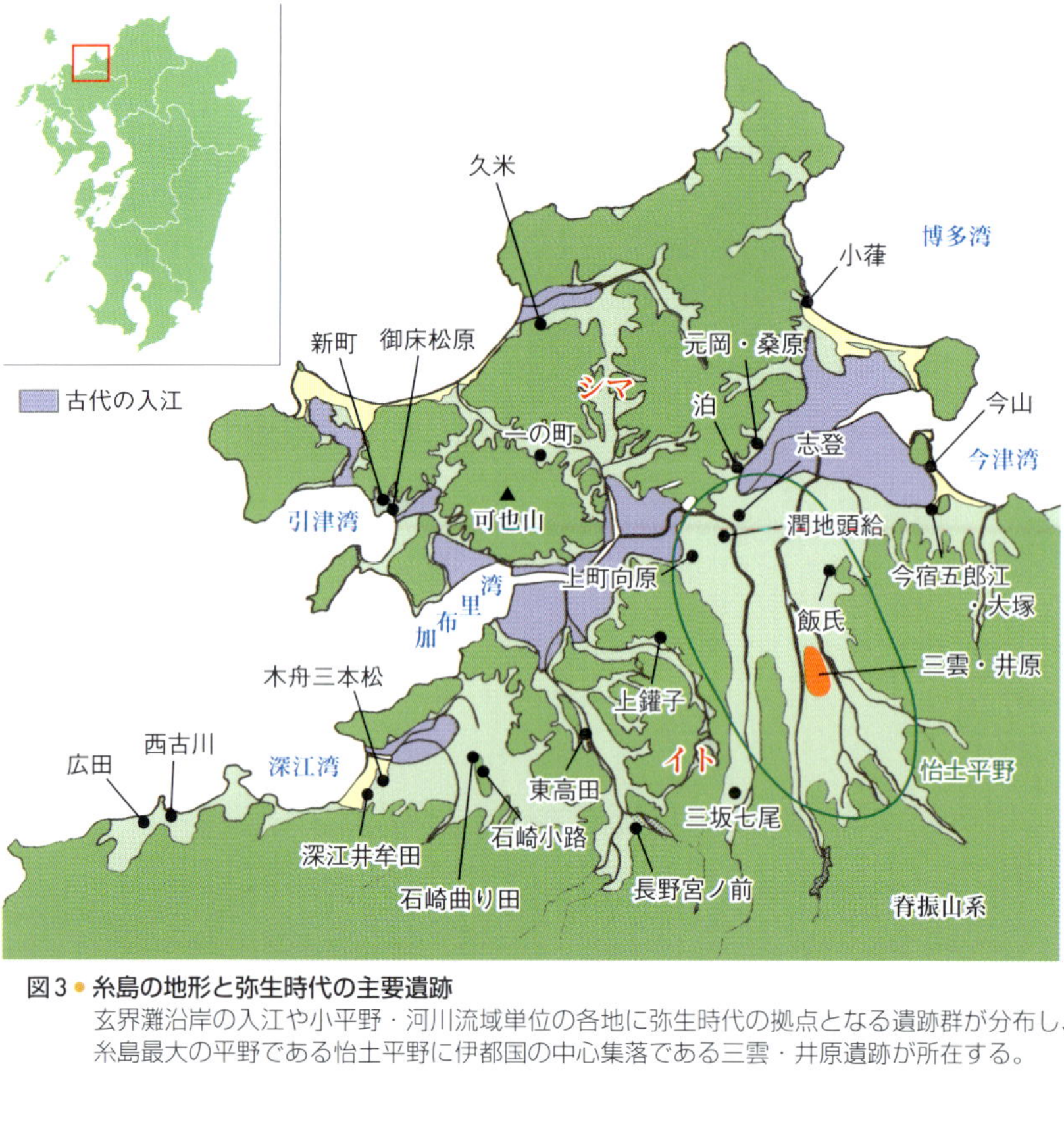

図3 ● **糸島の地形と弥生時代の主要遺跡**
玄界灘沿岸の入江や小平野・河川流域単位の各地に弥生時代の拠点となる遺跡群が分布し、糸島最大の平野である怡土平野に伊都国の中心集落である三雲・井原遺跡が所在する。

糸島は、南北で大きく二つの地域に分けられる。玄界灘に突き出た半島部である北のシマ地域と三方を山に囲まれ平野部を擁する南のイト地域である。両地域の間には東西にのびる幅一キロほどの帯状の低地があり、かつては「糸島水道」とよばれる海峡があったと考えられてきた。現在では、貝化石の分布や遺跡調査などにより、中央部の志登《しと》から泊《とまり》の間は東西から入り込んだ湾にはさまれて陸橋状につながっていたと考えられており、糸島水道の存在は否定されている。

イト地域は時代を経るにしたがい伊都→伊覩・伊斗・怡土・伊刀→絲→糸などと表記がかわるが、とくに怡土平野を中心に全時代を通じてイトとよばれてきた地域である。

イト地域は中国の史書『三国志』魏書・烏丸鮮卑東夷伝《うがんせんぴとういでん》の倭人条《わじんのじょう》、通称「魏志」倭人伝（以下、「倭人伝」）に登場する「伊都国《いとこく》」と音が同じであり、前述したような「倭人伝」の時代に相当する弥生・古墳時代の多数の遺跡が存在していることから、伊都国の比定地とされる。

つまり、先述した多量の鏡を副葬した三つの王墓は、「伊都国」の王墓であり、これらを擁した怡土平野を中心に伊都国が存在していたと考えられるのである。

2 「倭人伝」に記された伊都国の姿

伊都国関連の記事

前述のように、糸島は伊都国の故地と推定されるが、本項では伊都国が「倭人伝」のなかで、実際にはどのように記述されているのかをみていきたい。

「倭人伝」における「伊都国」関連の記事には、のべ一一一文字が使われている。「倭人伝」全体で文字数は二〇〇〇字ほどしかないなかで、ほかの国々とくらべると突出した文字数であり、倭における伊都国の存在の大きさがあらわれている。

伊都国の名が登場するのは、まず、「倭人伝」の前半、倭の様子と邪馬台国までの行程をあらわしたくだりで、対馬国《つしまこく》、一支国《いきこく》、末盧国《まつろこく》へと至ってからつぎの行程の部分である（図4）。

（末盧国から）東南陸行すること五百里。伊都国に到る。官は爾支《にき(にし)》といい、副は泄謨觚《せもこ》、柄《へ》渠觚《くこ》という。千余戸有り。世〻《よよ》王有り。皆、女王国に統属す。郡使《ぐんし》往来し常に駐する所。

この記述を整理すると、伊都国の位置は、末盧国（あるいは末盧国の海域から）東南に陸行で五百里の位置にある。これは末盧国を唐津・松浦地方であったと想定すると、方位にずれがあるものの、距離的にも伊都国を糸島に比定するうえで大きな問題はない。

また、伊都国の行政官は爾支、副官は泄謨觚と柄渠觚の計三名体制である。「倭人伝」に記された玄界灘とその沿岸地域の国々（対馬国・一支国・末盧国・奴国《なこく》など）では、その行政官については官副二名体制が基本であるが、伊都国は副官を二名配置した計三名体制であり、官副四名体制の邪馬台国についいで多いことになる。

それに対して、伊都国の戸数は、「千余戸」であり非常に少ない。ほかの国々の戸数をみると対馬国が千余戸、一支国が三千許家、末盧国が四千余戸、奴国においては二万余戸、不弥国《ふみこく》は千余家、そして投馬国《とうまこく》が五万余戸、邪馬台国は七万余戸であり、伊都国は最少の戸数である。これについては、現在糸島で確認されている弥生時代の遺跡の範囲や分布密度との対比から「万余戸」の誤記であったのではないかとの見方がある。

また、「世〻王有り」以下の記事は、伊都国には代々の「王」がいて、みな女王国に統属していたと解釈されるが、「倭人伝」のなかで「王」の存在が確認できる国は、伊都国と邪馬台国、狗奴国《くなこく》以外にはみられない。伊都国には官副の名が記された行政官とは別に、代々の王統が存在していたことを示している。

さらに、「(魏の)帯方郡《たいほうぐん》の使者が往来し、常に駐在しているところ」という内容も重要であろう。伊都国が倭の国々の大陸交渉の窓口であり、使者を迎賓する国として機能していたことをあらわしている。

次に「倭人伝」のなかで倭の政治・交易体制を記した部分にも伊都国の名が登場する。

図４●「魏志」倭人伝にあらわれる国名と推定位置
「倭人伝」に記された国々のうち、対馬国・一支国・末盧国・伊都国など玄界灘の国々の位置については、その記述内容から地域を特定できる。

女王国より以北は、特に一大率《いちだいそつ》を置き検察し、諸国はこれを畏憚《いたん》す。常に伊都国に治す。国中に於ける刺史《しし》の如く有り。王が使を遣わし、京都、帯方郡、諸韓国に詣らす、及び郡が倭国に使するに、皆、津に臨みて捜露《そうろ》す。文書、賜遺《しい》の物を伝送し女王に詣らすに、差錯《ささく》するを得ず。

以上の記事には、伊都国には女王国以北の国々を検察する「一大率」がつねに置かれ、諸国はこれを畏れはばかっていたとある。伊都国は、倭の国々のなかで外交窓口として港津を擁し、対外交易の要衝としての役割を担っており、周辺諸国を監察する軍事的な拠点としての性格ももち合わせていたのである。

このように、「倭人伝」の記事からは、代々の「王」の存在や「一大率」の設置など、倭のほかの国々とは異なる伊都国の特徴を読みとることができる。二〜三世紀を通じて、中国および倭の国々のなかにおいても伊都国が特別かつ重要な存在として認識されていたのであろう。

このような倭における伊都国の重要性を裏づけるような証拠として、先述した三大王墓のほか、怡土平野においては、伊都国の国邑（王都）にあたる三雲・井原遺跡の存在が知られており、また、近年の発掘調査などにより糸島の各地に同時代の拠点となる重要な遺跡の所在とその内容が明らかになってきている。

次章からは、こうした倭人伝の記述を裏づける、三大王墓と王都、そして周辺の遺跡群の様相をみていこう。

第２章　伊都国形成期の糸島

1　稲作開始のころ

大陸文化の流入

玄界灘に面し、古来より海を介した大陸文化受容の拠点的な地域であったことが、糸島の地に伊都国が形成される大きな要因であったといえる。

縄文時代後期には、糸島をふくむ西北九州において、西北九州型の結合式釣針《けつごうしきつりばり》や組合せ式石《いし》銛《もり》（鋸歯状尖頭器《のこぎりばじょうせんとうき》と石鋸《いしのこ》）とよばれる特徴的な道具を使用した外洋性漁労が発達するが、こうした遺物は朝鮮半島南部でも出土しており、共通した道具を使った漁労活動が朝鮮半島部から北部九州にかけての地域で活発に営まれていたことがわかる。

このような漁労を通じたネットワークが基盤となって、糸島半島をふくむ玄界灘沿岸の地域が稲作をはじめとした大陸系の石器・金属器・墓制などの新しい生活様式を列島内でいちはやく受容するきっかけとなったと考えられる。
糸島西部に位置する石崎曲《いしざきまが》り田《た》遺跡では、一九七九年の発掘調査で、列島最古段階の稲作集落跡が確認され、縄文土器系の刻目突帯文《きざみめとったいもん》土器とともに大陸系の磨製《ませい》片刃石斧、石包丁、石鎌《いしがま》など稲作にかかわる石器類、石製紡錘車《ぼうすいしゃ》などが出土した。この調査では、発見当時最古の鉄器とされた板状鉄斧の一部も出土した。この石崎曲り田遺跡における発掘調査成果は、当該地域において弥生時代前期よりも前に稲作が開始された時代区分として「弥生時代早期」を設定することが提唱されるきっかけともなった。

伊都国域の支石墓の特徴

稲作の伝来にともなって大陸から到来した文化のひとつに支石墓《しせきぼ》がある。支石墓とは、被葬者を納める木棺・甕棺・土壙《どこう》などの主体部の上に数個の石（支石）を並べ、その上にかぶせるかのように上石《うわいし》を置いた形態の墓である。その起源は朝鮮半島南部の碁盤形《ごばんがた》支石墓に由来すると考えられ、稲作文化とともに列島へ渡来したが、稲作開始期の支石墓については、糸島をふくむ西北九州一帯に分布が限られている。

糸島は、先に述べた石崎曲り田遺跡をはじめ、新町《しんまち》支石墓群（図5）や志登《しと》支石墓群（ともに国の史跡）、長野宮ノ前《ながのみやのまえ》遺跡など、稲作開始期の支石墓の一大密集地である。

のちに伊都国の中枢へと発展する怡土平野においても支石墓が数カ所に分布しているが、このエリアの支石墓は、ほかとくらべて異なる特徴がある。たとえば三雲加賀石《かがいし》地区の支石墓は、上石の周囲が乳幼児用甕棺墓にかこまれており、上石があたかもその墓群の墓標的な役割を果たしているようにもみえる。支石墓の主体部は木棺で、それを裏込石と敷石（棺台《かんだい》）を用いて固定しており、木棺の蓋の上に朝鮮半島系の有茎式《ゆうけいしき》磨製《ませい》石鏃《せきぞく》六本を副葬する。

井田用会《いたようえ》支石墓の上石は、列島の稲作開始期の支石墓としては最大級、三・五×二・九メートルの巨大なもので、副葬品として碧玉《へきぎょく》製管玉二二点が伝存する。

三雲石ヶ崎《いしがさき》支石墓は、三雲加賀石地区の支石墓と同様に墳墓の中心に設けられた大型支石墓で、木棺内からは大型の碧玉製管玉が一一点出土している。

以上のように、怡土平野内につくられた支石墓は、上石がほかの支石墓群とくらべてひときわ大型であり、墓群の中心の位置に一基ないしは数基で独立して存在していることが特徴である。また、その多くが有茎式磨製石鏃や大型の碧玉製管玉といった朝鮮半島系の副葬品をもつことなど、支石墓とほかの墳墓の被葬者との間で明確な権力格差があったことを示唆している。

図５ ● 新町支石墓群13号墓
巨大な上石の下に支石が置かれている。糸島には、稲作開始期の支石墓群が集中し、いちはやく大陸から渡来した稲作文化を受容した地域であったことがわかる。

このことから、怡土平野内では稲作の開始当初からすでに社会分層化が進んでいたことがうかがわれ、これがのちの絶大な権力をもつ伊都国王の登場へとつながっていったのであろう。

2 王権誕生への胎動

甕棺の出現と青銅製武器の副葬

稲作開始期の墳墓群である三雲加賀石地区では、大型支石墓の周辺に初期の甕棺墓群が形成されている。これらは弥生時代中期以降の北部九州で盛行する大型甕棺の祖型となるものであり、こうした壺形の棺の形状が変化し、弥生時代前期末までに専用甕棺として成立した。

稲作文化を受容したことで、人びとはより安定して食料を確保できるようになり、人口が増加し社会構造に変化が生じてくるが、それは墓の副葬品のあり方などに反映される。北部九州で甕棺葬が本格化する弥生時代中期には、数十基単位の集団墓が形成されるようになり、それら墓群のなかに、銅剣などの青銅製武器を副葬する有力者墓がみられるようになる。このことから、この時期に小平野単位で集落を束ねる有力者層が誕生したことがわかる。

怡土平野周辺における、弥生時代中期前半から中ごろにかけての副葬青銅器の出土例としては、井原赤崎《いわらあかさき》出土と伝わる細形《ほそがた》銅剣が知られ、このほかにも西堂《にしのどう》・井原松井《いわらまつい》・高上石町《たかうえいしまち》で銅剣の出土が伝わる。広大な怡土平野内の各所に伊都国成立前の有力者層墓が存在していたことがうかがわれるが、伝井原赤崎出土の細形銅剣以外は遺物の現存が確認できず、その出土状況の詳細を知ることはできない。

糸島全体に目を広げると、後述する久米《くめ》遺跡で細形銅剣・銅戈各一点（図6）、上町向原《かんまちむかえばる》遺跡で細形銅剣一点、西古川《にしふるかわ》遺跡で細形銅剣と中細形《なかぼそがた》銅矛各一点の出土があり、今宿《いまじゅく》遺跡では土壙墓の副葬品として細形銅剣とヒスイ勾玉が出土している（図7）。

発掘調査により銅剣などの副葬が確認された例として、一九九八年の久米遺跡での銅剣・銅戈の出土例を紹介しよう。久米遺跡では、弥生時代中期前半の甕棺墓二四基が出土し、このうちの二基の甕棺のなかに細形銅剣・銅戈や碧玉製管玉を副葬する甕棺がふくまれていた。この甕棺墓群は、墓群が空閑地によって南北二群に大別され、それぞれさらに二つの小群に分けることができる。とくに副葬品が出土した6号甕棺墓（細形銅剣一点・管玉六点）と23号甕棺墓（細形銅戈一点）のある墓群は、平面的にみると方形が意識されるエリア内に埋葬域が限られており、当初から墓域の形成にあたり意図的な造営計画があったとみられる。墳丘は確認されていないものの、有力者層の墓域を限定した区画墓であった可能性がある。

このほか、糸島における同時期の有力者層墓として

図6 ● 久米遺跡出土の細形銅剣（上）・**銅戈**（下）
弥生時代中期前半においては、有力者層墓にこのような青銅製武器が副葬される。

は、潤地頭給《うるうじとうきゅう》遺跡で甕棺墓に円環形銅釧《えんかんけいどうくしろ》五点を副葬した例や、広田《ひろた》遺跡、木舟三本松《きぶねさんぼんまつ》遺跡、三坂七《みさかなな》尾《お》遺跡などでは碧玉製管玉やヒスイ製管玉など武器類をもたず装飾品のみを副葬した例もある。

以上のように、弥生時代中期前半までの段階では、糸島では河川流域や小平野ごとに分かれて有力者層の墓が点在し、怡土平野内においても分散して存在しているが、どこか一カ所に集中していたり、副葬品の内容が突出するような状況はみとめられない。

王権成立前夜

前項で述べたように、怡土平野をふくめた糸島の弥生時代中期前半の有力層墓の様相にはまだ不明な点が多く、現段階で伊都国の王権成立の過程を詳細に追える状況にはない。しかし、弥生時代早・前期の支石墓にみられた社会分化の先進性からも、当地に弥生時代中期前半段階でのちの王権につながるような有力者集団墓が形成されていたことが想定される。

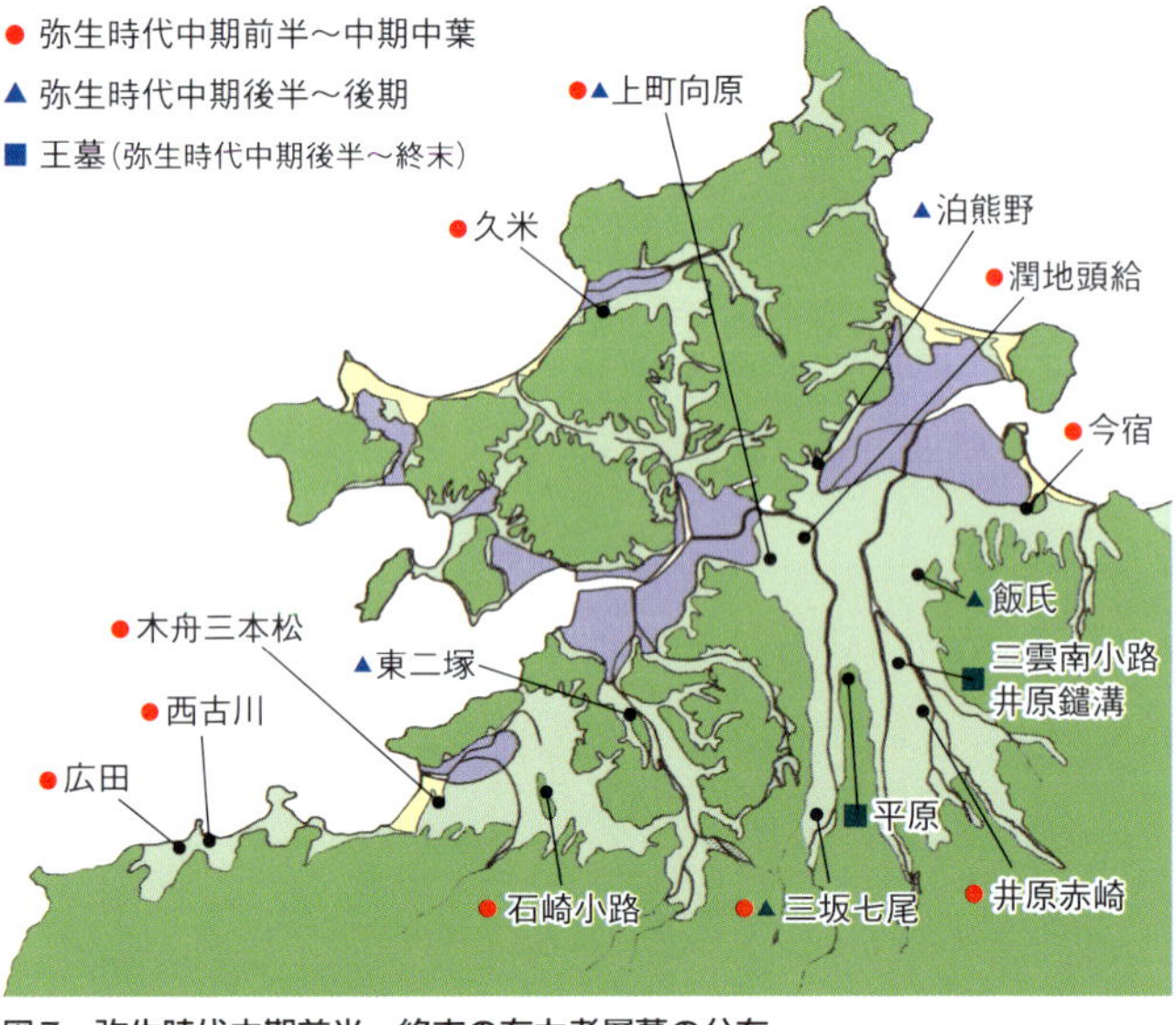

図7 ● 弥生時代中期前半〜終末の有力者層墓の分布
弥生時代中期前半段階では、河川流域や小平野単位に分散して有力者層墓が点在しており、副葬品の内容が突出した厚葬墓はみられない。

現在のところ、怡土平野においてそれに相当する遺跡の発見例はないが、糸島の東西に隣接する唐津平野（末盧国域）あるいは早良《さわら》・福岡平野（奴国域）では、宇木汲田《うきくんでん》遺跡（佐賀県唐津市）や吉武《よしたけ》遺跡群（福岡市西区）、須玖《すぐ》遺跡群（福岡県春日市）などで弥生時代中期初頭から中期中ごろ段階での、青銅製武器や玉製品など卓越した副葬品をもった有力者の集団墓が確認されている。伊都国の領域においても、これらの地域と同様に、銅剣などの青銅製武器や碧玉製管玉、あるいは銅鏡（多鈕細文鏡《たちゅうさいもんきょう》）などを副葬した、のちに王を輩出する母体となった集団の墳墓群が存在している可能性が高いと考えられている。

ところで、弥生時代中期屈指の厚葬墓を擁する早良平野の吉武遺跡群（吉武高木《たかぎ》地区・吉武大石《おおいし》地区・吉武樋渡《ひわたし》地区）は、のちに伊都国の中心集落となる三雲・井原遺跡と直線距離にして六・五キロほどの距離で、山をはさんで隣接する場所にあり、相互をむすぶ峠道を越えれば、すぐにそれぞれの遺跡の背後にたどり着けるような近接した位置関係にある。これらふたつの遺跡が、その形成においてまったく無関係であったとは考えにくく、伊都国の王権の形成に早良平野など周辺地域の勢力のなんらかの関与があった可能性についても言及しておきたい。

以上のように、弥生時代中期前半から中期中ごろまでの糸島の有力者層の墓についてみてきたが、これらはいずれも有力「集団」の墓であり、特定の一個人に対して大量の副葬がみられる状況ではない。一個人の墳墓に対して多量の副葬品が集中する厚葬墓の出現をもって「王」の誕生ととらえることができるとすれば、伊都国における王墓の出現時期は、弥生時代中期後半の三雲南小路王墓の登場までまたなければならない。

第3章　三大王墓と伊都国の墓制

1　三雲南小路王墓の発掘

王墓の再発見

第1章で述べたとおり、一八二二（文政五）年の三雲南小路における王墓発見については、青柳種信が著した『柳園古器略考』（以下『略考』）において、出土品が個別に図入りで説明され、考古学的な考証を加えた詳細な記録が残されている。これら記録された出土品の大半は散逸してしまっており、福岡市博多区の聖福寺《しょうふくじ》に有柄《ゆうへい》中細形銅剣一点と連弧文《れんこもん》「清白《せいはく》」銘鏡《めいきょう》一面が伝わるのみである。

江戸時代の発見から一〇〇年近くが経過し、この王墓の存在は人びとの記憶から忘れ去られようとしていたが、大正時代、九州帝国大学の中山平次郎《なかやまへいじろう》博士が、江戸時代の記録類にある「細石社ノ西半町田間」などの地理的な記述をもとに、現地で踏査や聞きとりをおこなったうえで王墓の具体的な場所を推定した。それからまた数十年が経過し、三雲・井原地区の圃場《ほじょう》整備にともない福岡県教育委員会が一九七四、七五年におこなった調査で、中山博士が推定した地点付近が掘り下げられた。その結果、地下約七〇センチのところから、朱のついた甕棺片や多数の銅鏡片が出土、さらにガラス管玉・ガラス勾玉・金銅製四葉座飾金具《こんどうせいしようざかざりかなぐ》・ガラス璧《へき》の破片なども出土した（図8）。

この出土品のなかには、『略考』の記録と一致する遺物が多数みられたことから、当地点が文政五年の甕棺発見地であったことが確定的になるとともに、江戸時代に発見された甕棺の隣からあらたに別の甕棺も発見された。発掘調査を担当した柳田康雄《やなぎだやすお》氏は、江戸時代に発見された甕棺を1号甕棺、あらたに発見された甕棺を2号甕棺と名づけた。そして古文献・記録類と発掘調査成果とを照合した結果、この二基の甕棺の墓域は、溝によ

図8 ● 再発見された三雲南小路王墓
右が江戸時代に掘り出された1号甕棺の墓壙、左があらたにみつかった2号甕棺。
溝でかこまれた墳丘のなかに2基の甕棺が隣接して埋葬されていた。

ってとりかこまれており、墳丘が存在していた可能性を指摘した。現在では、この二基の甕棺墓をふくんだ墳丘墓全体を「三雲南小路王墓」とよんでいる。

三雲南小路王墓の周辺は、その後も前原《まえばる》市教育委員会により継続的に発掘調査がおこなわれ、墓域をかこむ周溝の存在がより明確となった（図9）。周溝は、二基の甕棺墓の周囲を一辺三三メートルほどの規模で方形状にめぐっており、『略考』の記述や出土甕棺の位置関係を勘案すると、この周溝の内側には、高さ一・五メートル以上の墳丘があり、全体として隅丸方形の巨大な墳丘墓であったとみられている。二つの甕棺は、溝で区画された墓域の中央よりやや南西よりの位置に隣接して埋められており、それぞれ個別に墓壙《ぼこう》をもつが、ほぼ同時期に埋葬されたものと解される。なお、周溝は全周せず、南西側の一角が陸橋状につながっている。

図9 ● 三雲南小路王墓の墳丘と周溝の範囲
発掘調査の成果により、溝でかこまれた一辺33mほどの方形の区画が確認された。
また、古記録に記された発見経緯の記述から高さ約1.5mほどの墳丘があったものと推察される。

2　三雲南小路王墓の出土品

『略考』など古記録類の記述とこれまでの発掘調査で確認された三雲南小路王墓（1・2号甕棺）の出土品を以下に紹介しよう。

①1号甕棺

1号甕棺は、文政五年の発見時をふくめ計三回ほどの攪乱《かくらん》を受けていたとみられる。種信が残した記録によると、「ほりあげてこれを見れば」という記述があることから、江戸時代の発見時には完全に掘りあげられていたとみられ、発掘調査により再発見された時には朱のついた甕棺片数点が残っていただけであった。

『略考』などの記録から1号甕棺の出土状況を復元すると、「口と口とを合せ横に伏て埋めたり」とあることから、二つの甕を合わせ口にして埋められていたことがわかる。大きさは「深サ三尺余。腹ノ径《わた》リ二尺許。大サ貳箇ともに同し」とあり、ふたつの甕棺はほぼ同じ大きさで、高さ約九〇センチ、胴部直径約六〇センチほどとなり、あらたに発見された2号甕棺よりも少し小型であった可能性がある。

甕棺の棺外から有柄中細形銅剣一点、中細形銅戈一点、朱入小壺一点が出土している。甕棺内には細形銅矛一点、中細形銅矛一点、前漢鏡三一面以上（『略考』では三五面とある）、ガラス璧八点、ガラス勾玉三点、ガラス管玉六〇点以上、金銅製四葉座飾金具八点が副葬されていたとみられる。主要な出土品を個別にみていこう。

重圏彩画鏡《じゅうけんさいがきょう》　1号甕棺出土鏡のなかで最大の鏡である重圏彩画鏡は、直径九寸（二七・三センチ）の大型鏡で、背面に顔料で文様が描かれており、出土品には朱・青・白の顔料が残る（**図10**）。彩画鏡とは、鏡の表面に顔料で文様を描く鏡で、現在、所在が知られているものは世界でも数が少なく、たいへんめずらしく特異な鏡種である。漢代の戦国式鏡（戦国時代の鏡の系譜をひく鏡）の彩画鏡としては、三雲南小路王墓のものが国内唯一の出土例となる。

四乳雷文鏡《しにゅうらいもんきょう》　これも戦国式鏡からの系譜を引くものの一種で、復元径は一九・三センチと大型鏡に近い。雷文を地文とし、さらに四カ所に乳《にゅう》（突起）をつけ、背面の文様としている。舶載鏡《はくさいきょう》（中国など大陸でつくられ日本に伝わった鏡）のなかでは、最古の部類に属する。国内唯一の出土例であり、『略考』に掲載された図と出土品の破片二点が接合する可能性が高いと考えられる。

連弧文「清白」銘鏡　連弧文とは、半円形の弧を連ねた文様である。連弧文「清白」銘鏡も、『略考』に図示された鏡の欠落した部分が発掘調査によって出土し、文政五年に発見された鏡と同一の鏡であることが確定した。

重圏斜角雷文帯《じゅうけんしゃかくらいもんたい》「精白《せいはく》」銘鏡《めいきょう》　種信の子孫の家に伝わった「青柳種信関係資料」に拓本、『略考』に図が掲載されており、発掘調査で鏡縁の一部が出土した。直径一八センチ程度に復元できるが、『略考』に記された「五寸五分」（約

図10 ● 重圏彩画鏡
『略考』には出土品と同一の鏡の図が掲載されており、鈕（つまみ）の形状が三稜鈕（さんりょうちゅう）であったことがわかる。

一六・七センチ）とは大きさが異なる。

金銅製四葉座飾金具　江戸時代の出土記録には記されておらず、一九七四、七五年の発掘調査であらたに発見されたものである。柿のヘタのような四葉形を呈し、表面に鍍金が施された金属製品で、計八点分が出土している。漢の皇帝が臣下や周辺諸国王の死去に際し、葬具として下賜したものと考えられており、もともとは木棺の飾りにつけられた金具であるが、三雲南小路王墓では、甕棺のなかに置かれて副葬されたとみられる。

ガラス璧　これも漢の皇帝が臣下や周辺諸国王へ下賜した品のひとつとされ、三雲南小路王墓の被葬者が漢から倭の盟主として認識されていたことの証といえる（**図11**）。ガラス璧は、中央に孔があいた円盤状のガラス製品で、表面全体に小さな粒状の突起が刻出されている。三雲南小路王墓では直径一一～一二センチのものと直径八・五センチ程度の大小二種類がある。『略考』の記事によると、これらは複数の鏡と鏡の間にはさみこんだような状況で出土したことがわかる。

有柄中細形銅剣などの青銅製武器　棺の内外から出土した青銅製武器のうち、有柄中細形銅剣はほかに例をみないもので、特注品と

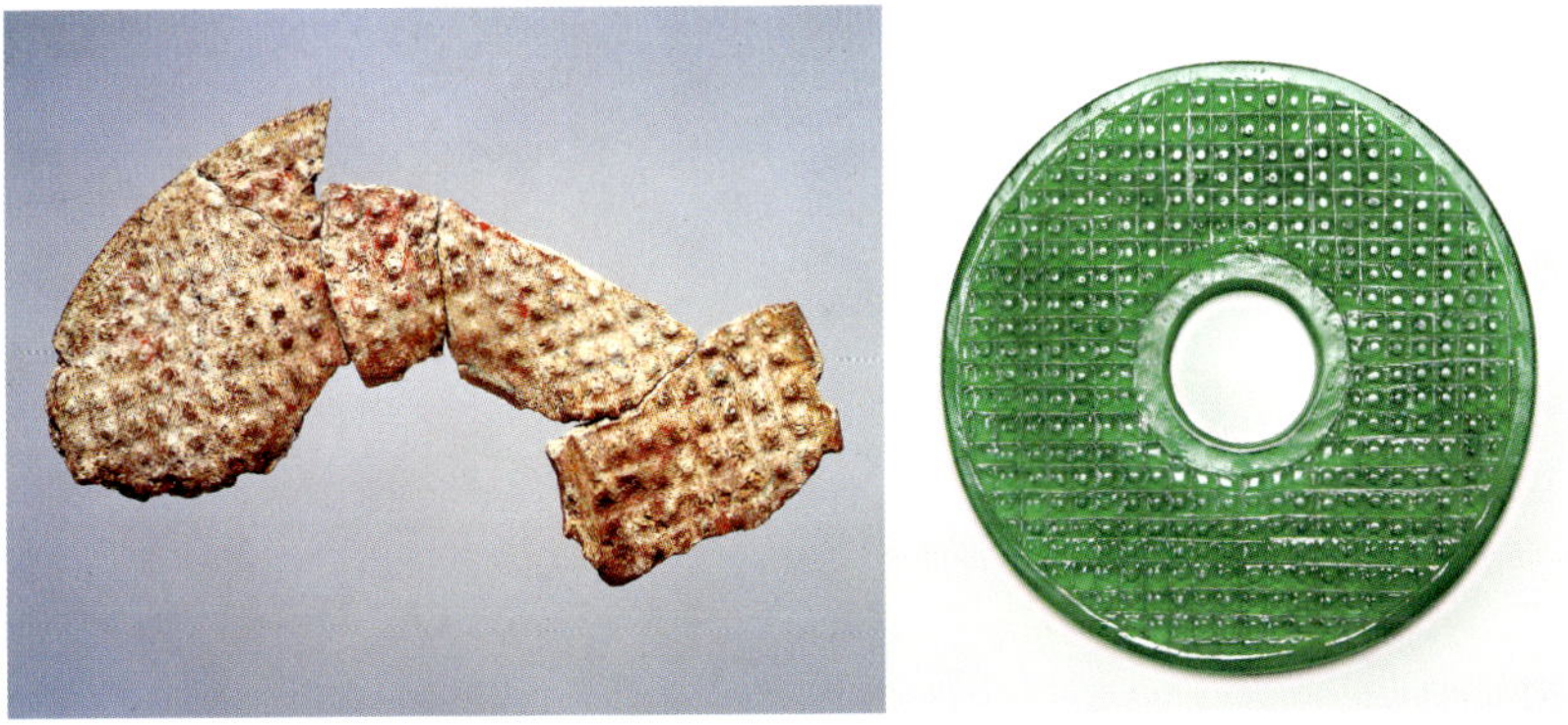

図11 ● **ガラス璧**（左）**と復元品**（右）
鉛ガラスを素材としており、現在は表面の大部分が風化し白色化しているが、一部に青緑色に輝く部分を観察できる。

みられる（図12）。復元全長は約五三センチとなり、剣身中位で折れた状態で伝存している。剣身と柄を一体的につくりだし、柄尻《つかじり》に飾金具を表現したような扁平な張り出しがみとめられるなど、特異な形をしており、漢文化の影響を強く受けたものといえる。近年、奴国域の青銅器生産の拠点である春日市須玖タカウタ遺跡において有柄銅剣の滑石製鋳型片が出土し、当時の列島においても同種の有柄式銅剣をつくる技術があったことが確認されたため、奴国域で生産されたとの見方が強まった。このほか中細形銅戈一点、細形銅矛一点、中細形銅矛一点などの青銅製武器類についても同様に奴国域でつくられた可能性が高いと考えられる。

②2号甕棺

1号甕棺のすぐ北西隣であらたに発見された2号甕棺は、1号甕棺に先立って平安時代末期ごろに盗掘を受けていたが、幸いにも甕棺の大部分が残り、多くの副葬品も残存していた。

2号甕棺も、ほぼ同型・同サイズの二つの超大型甕を青色粘土で目張りし、合わせ口にして埋置されていた。これらの甕は器高が一二〇センチを超え、北部九州の甕棺墓のなかでも最大

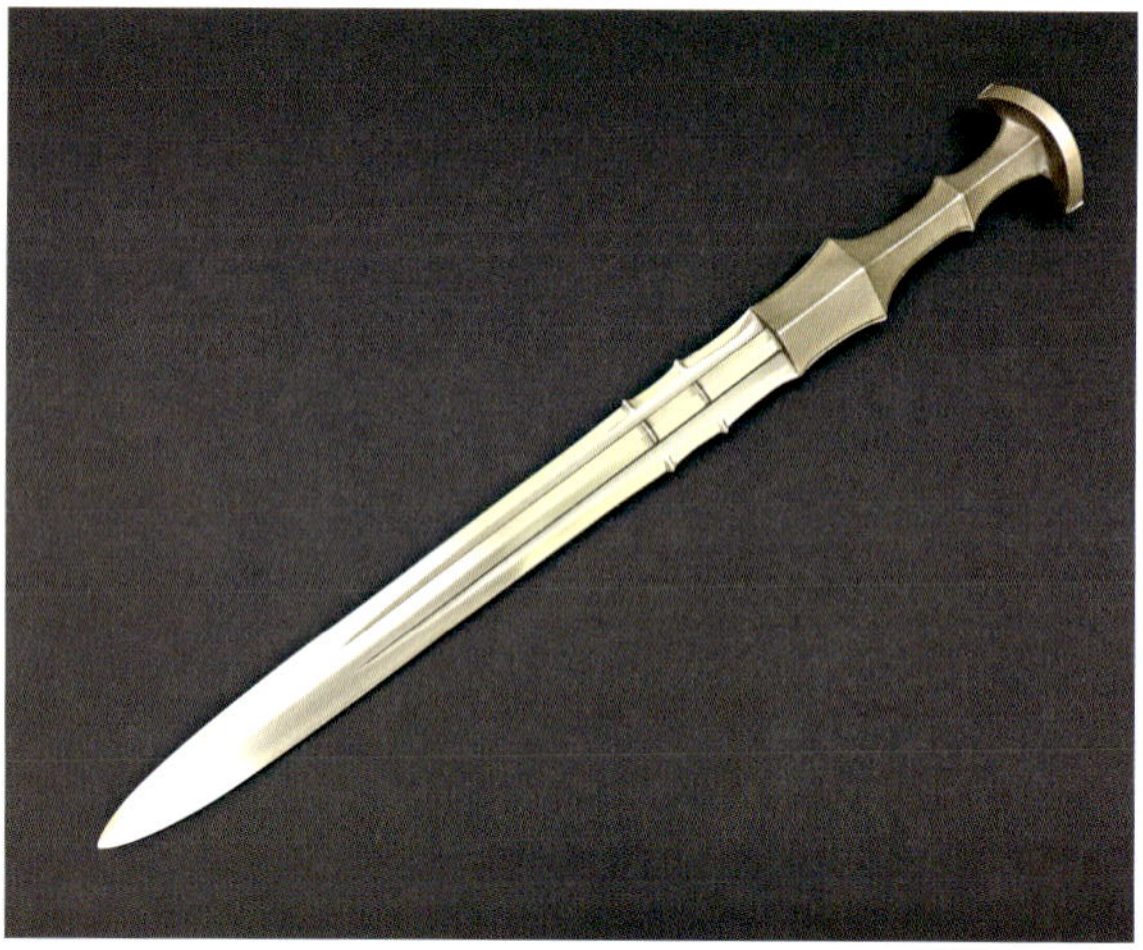

図12 ● 有柄中細形銅剣（復元品）
柄など各部位の測定値から、製作にあたり漢代の基準尺を採用していると考えられており、漢文化の影響を強く受けた銅剣といえる。

級の大きさであり（図13）、王の埋葬のために特注品として製作されたと考えられる。口縁部の形状や膨らんだ胴部の形状、二条の分厚いコの字状の突帯が胴部外側の下位にめぐっており、北部九州の甕棺編年のなかで弥生時代中期後半に位置づけられる。

2号甕棺の副葬品のうち、もとの位置を保っていたのは下甕（上下に合わせた甕棺のうち下側の甕）内に張りついていた8号鏡のみであった。ただし、このほかにも下甕内には銅鏡が置かれていた痕跡が複数箇所残っており、痕の大きさから日光《にっこう》鏡、星雲《せいうん》文《もん》鏡、昭明《しょうめい》鏡などであったことが推測できる。また、ヒスイ勾玉とガラス勾玉数個が甕棺の合わせ口近くの墓壙床面から出土したため、その位置が被葬者の頭位付近にあたるものと考えられる。

2号甕棺の出土品としては、甕棺内に前漢鏡二二面以上、ガラス勾玉一二点、ヒスイ勾玉一点、ガラス垂飾《すいしょく》一点、多量の朱がある。二二面以上あったとみられる銅鏡は、中型・大型鏡を副葬した1号甕棺とくらべると、直径六～一一・四センチの小型鏡ばかりで構成されており、また武器類の副葬がみられ

図13 ● 三雲南小路王墓2号甕棺の出土状況
下甕棺外面には黒色顔料が塗られ、内側には朱が付着している。
棺内の円盤状のものは8号鏡で、もとの位置を保ったまま出土した。写真中央やや左下にはヒスイ勾玉も確認できる。

ないことも特徴である。以下、２号甕棺の主要な出土品を個別にみていこう。

星雲文鏡《せいうんもんきょう》　全体の約半分にあたる部分が残るが、二つに割れ、鈕《ちゅう》（つまみ）は失われている。復元径七・四センチの小型鏡で、背面全体に赤色顔料が塗られているが、縁の側面と鏡面には顔料が付着しておらず、塗り分けられていた可能性がある。

連弧文《れんこもん》**「日光**《にっこう》**」銘鏡**《めいきょう》　一六面以上出土している連弧文「日光」銘鏡のうち、８号鏡は発掘調査時にもとの位置を保った状態で出土した完形鏡である（**図14**）。直径六・三六センチの小型鏡で、被葬者の左上腕部付近に副葬されたと考えられる。銘帯（銘文がほどこされる文様帯）には楔形《くさびがた》書体で「見日之光　天下大明」の文字と各文字の間に渦文と菱形文を交互に配している。

ガラス勾玉　計一二点が確認されている。いずれも小型品で表面は風化により乳白色に変化しているが、朱が付着しているものが多くみられる。なかには孔のまわりに三本の溝を刻んだ丁子頭《ちょうじがしら》の勾玉もある。科学分析の結果、バリウムをふくむ鉛《なまり》ガラスを素材としていることが判明している。

ヒスイ勾玉　一点のみ出土しており、全長四・五センチと大型で、淡緑色の良質なヒスイを

図14 ● 連弧文「日光」銘鏡（8号鏡）
文様は中心から円座、八弧の連弧文帯、櫛歯文（くしばもん）帯、銘帯、櫛歯文帯となる。

加工している。頭部に四本の細い溝を刻んだ丁字頭で、孔は両面からあけている。

ガラス垂飾　ガラス璧の欠片を再加工し垂飾状にしたガラス製品で、装身具として使われたと考えられる。表面にある格子状の溝はガラス璧表面の穀粒文《こくりゅうもん》の名残である。長さ一・九センチ、幅一・二センチ、厚さ三・七ミリで丸みのある不正三角形をしており、半透明の青緑色である。科学分析の結果、バリウムをふくむ鉛ガラスを素材としていることが判明している。

3　被葬者像を探る

甕棺ごとに異なる副葬品

ほぼ同時期に隣接して埋められたと考えられる二基の甕棺墓は、それぞれの副葬品の構成が大きく異なっている。こうした状況から、発掘調査を担当した柳田康雄氏は、武器をもち、より多数でより大型の銅鏡を保有していた1号甕棺の被葬者は男性（王）であり、武器を副葬せず、小型の銅鏡や豊富なアクセサリーを保有していた2号甕棺の被葬者を女性（王妃あるいは巫女王）とし、男女支配者が並葬されたと考えた。武力と祭祀、両方が融合したあらたな支配体制が伊都国において創出されていたという解釈であろう。

このような男女合葬《がっそう》がなされていたとすれば、漢の楽浪郡などでおこなわれていた夫婦合葬などの葬送にかかる思想が、すでに弥生時代中期後半における伊都国の厚葬墓の造営に影響を与えていたとみることもできる。のちになって「倭人伝」に記される卑弥呼やそれを補佐する男弟など、倭人社会の男女による二元的な政治体制の出現の予兆が、すでに三雲南小路王墓にあらわれているのである。

奴国との密接な関係

三雲南小路王墓の出土品は、青銅製武器・ガラス製品など、奴国域で生産されたと考えられるものと、多量の前漢鏡をはじめとした銅鏡群やガラス璧、金銅製四葉座飾金具などの、いわゆる漢系遺物とよばれる舶載の品々のふたつに大別され、これらが在地の甕棺葬のなかにとりこまれ、併存している点が特徴といえる。

この墳墓がつくられた弥生時代中期後半の厚葬墓としては、北部九州においては、奴国王墓として知られる須玖岡本遺跡D地点や飯塚市立岩《たていわ》遺跡の甕棺墓などがある。両者は埋葬主体となった甕棺や葬送に用いられた青銅器・ガラス製品などに共通点があるが、それは奴国を基軸とする特徴である。一方、三雲南小路王墓も墳丘と区画をもつ墳墓の構造などが奴国王墓のものと共通しており、伊都国と奴国、両国の王統が（たとえば親戚関係など）密接な関係にあったことを想起させる。

弥生時代の威信財であった青銅器・ガラス製品の材料の多くは、いずれも大陸由来のものであり、これらを入手するためには、玄界灘における大陸との交易ルートを確保しておく必要があった。漢王朝と密接なつながりをもち、こうした大陸との交易を主導していた伊都国や奴国の王たちは、互いに結束して大陸由来の威信財やその材料の入手をほぼ独占していたと考えられ、これにより北部九州諸国の盟主的な存在として成長していったのであろう。

永くつづけられた墓前祭祀

三雲南小路王墓では、墳丘の周溝の北西角近くから、溝の埋没後に埋葬された小児甕棺が出土し、その層位関係から、墳丘墓の築造時期は弥生時代中期後半であったととらえられている。

この王墓の周溝の西側では、弥生時代中期後半から古墳時代前期までの大量の供献土器《きょうけんどき》（死者を弔うためのお供えに用いられる土器）が出土しており、甕棺の埋葬後、祭祀をおこなうたびに溝を掘り直したことによって溝の幅が広がっていったと考えられている。溝内から出土した土器は弥生時代中期後半から後期前半のものが主体だが、弥生時代終末の土器を埋納した土坑も確認されており、王墓に隣接した場所で、造墓後も永年にわたって墓前祭祀がおこなわれていたことが想像できる。

さらに周溝の北西角では、内面に水銀朱が付着した弥生時代後期前半の土器が多く出土しており、近くから朱を磨り潰す用途のL字形石杵《いしぎね》も出土するなど、水銀朱を用いた何らかの祭祀が同時期におこなわれていたことも推察され

図15 ● 周溝の北西付近の遺物出土状況
中央にみえるのが未使用のL字形石杵。周辺には水銀朱が付着した土器が多数発見されている。

る（図15）。

このように、王墓造営から二〇〇年近く墓前祭祀がつづけられたとみられる三雲南小路王墓。その被葬者が伊都国の王統の始祖としてそののち数代にわたり神聖化され、特別視されていたことのあらわれといえるかもしれない。

4 幻の王墓・井原鑓溝遺跡

『略考』に記されたもうひとつの王墓

三雲南小路の甕棺発見の報を聞き現地にかけつけた青柳種信は、これより四〇年ほど前の天明年間にも、三雲村と境を接する井原村内の「鑓溝《やりみぞ》」とよばれた地点で、朱などとともに壺が出土し、そこから古鏡数十など三雲南小路と同様の発見があったことを知った。

種信の聞きとりによると、当時、日照りが続いたため、次市という農夫が三雲村と井原村の境にある溝を突きくずしたところ、突然朱が流れだし、「壺」があらわれたとされる。この壺のなかから古鏡（銅鏡）数十、銅器や刀剣類、鎧状の鉄板など大量の副葬品が出土したということであった。この時の出土品のほとんどは散逸してしまっていたが、発見した農民の家に当時保管されていた遺物については、種信の手によって拓本と詳細な模写図が残された。

この天明年間に発見された「井原鑓溝《いわらやりみぞ》」の出土品については、現存が確認できないものの、残された拓本や模写図からその出土品の概要を知ることができる。それによると方格規矩鏡《ほうかくきくきょう》一九面以上、大型の巴形銅器三点が確認でき、豊富な副葬品をもった墓であることがわかる。

このような副葬品の内容から弥生時代後期前半の伊都国王墓と考えられ、「井原鑓溝王墓」とよばれるが、現在までその出土地の位置が特定されておらず、「幻の王墓」となっている。

出土品の記録からみた井原鑓溝王墓の姿

井原鑓溝王墓の全容については不明だが、種信が残した詳細な記録からこの王墓の姿がおぼろげながらも浮かびあがる。

まず、発見の状況からは、井原鑓溝王墓の埋葬主体は甕（壺）棺墓であったと推定される。弥生時代後期の糸島では大型の広口壺《ひろくちつぼ》を埋葬棺とした甕棺葬がままみられることから、甕でなく「壺」という記述も、その特徴をおさえたものといえる。「朱が流れ出した」との表現から、内部には多量の赤色顔料がふくまれていたものと考えられる。

井原鑓溝王墓出土とされる銅鏡群の模写によると（図16）、出土した鏡はすべて方格規矩鏡であり、ほかの鏡種をふくんでいない。方格規矩鏡とは、中央の方

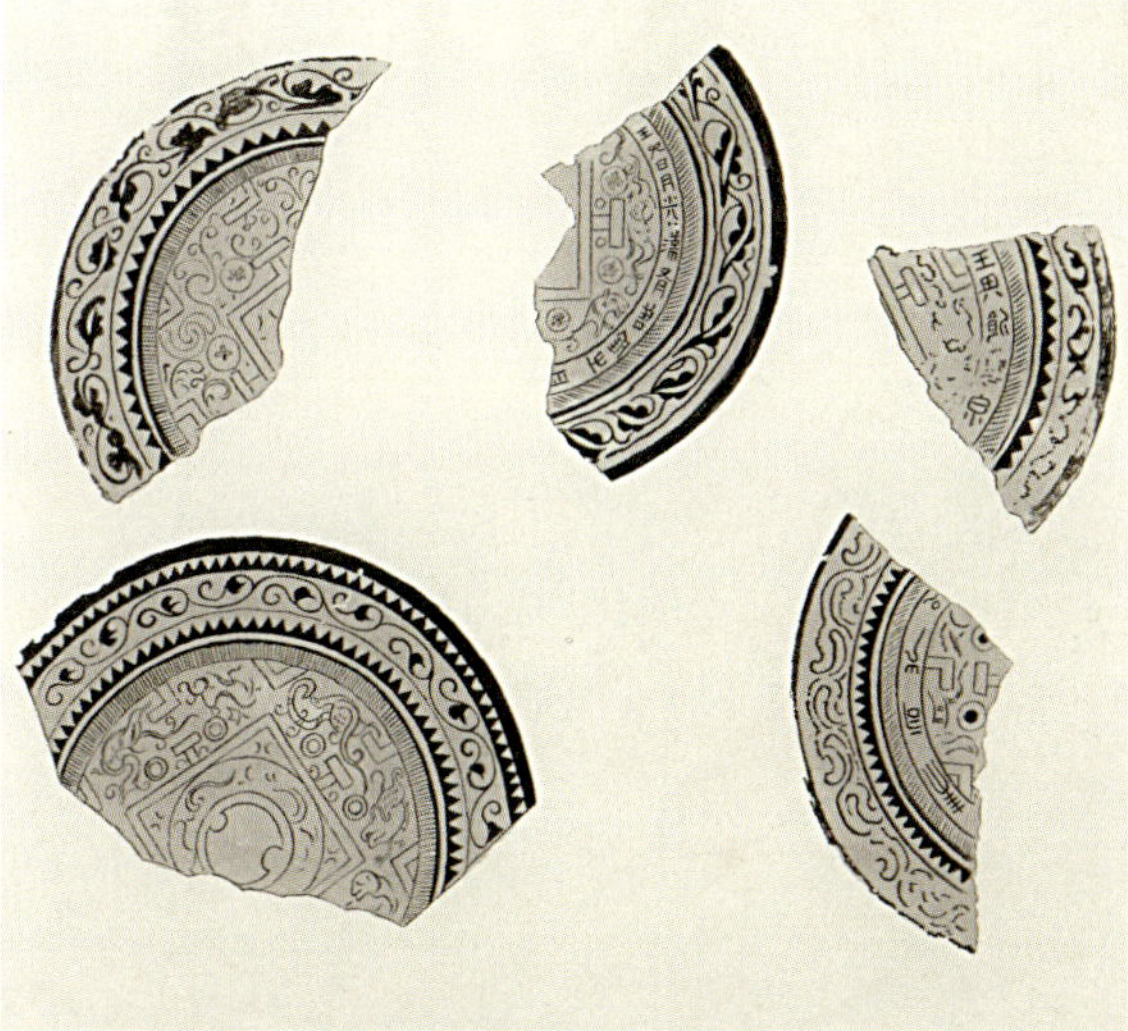

図16 ● 青柳種信による井原鑓溝出土銅鏡の模写
墨の濃淡を用いて文様がていねいな表現で描かれ、実物の観察結果をふまえ忠実に形状を模写したものと推察される。

格と規矩（TLV字形の幾何学文）を主文とし、前漢の終わりから新・後漢代につくられた鏡である。この王墓では、直径二〇センチ以上の大型鏡がなく、一三センチ以上の中型鏡が一四面、そしてそれ未満の小型鏡が五面という構成であり、三雲南小路王墓でみられたような大型鏡がないことが特徴である。また、拓本から判断するに、いずれの出土銅鏡も破片である点が注目される。近年、弥生時代後期の佐賀平野から唐津・糸島にかけての地域では、割られた状態の鏡を副葬した墳墓の事例が確認されている。こうした割られた鏡の副葬は、のちの平原王墓（四一ページ参照）にもつながる、伊都国を中心とした特殊な葬送儀礼の特徴のひとつとみられ、井原鑓溝王墓においてもそうした儀礼がおこなわれていたことが類推される。

　実測図に近い詳細な模写が残された巴形銅器（図17）三点は、同じ形、同じ大きさと考えられ、左捻り《ひだりねじ》八脚《はっきゃく》に復元できる。巴形銅器の副葬は、末盧国域の厚葬墓である唐津市桜馬場《さくらのばば》遺跡の甕棺墓からの出土例がよく知られている。また奴国域の福岡市那珂《なか》遺跡125次調査では、拓本資料と同様に脚部に綾杉文《あやすぎもん》をほどこす巴形銅器の石製鋳型が出土するなど、その製作は玄界灘沿岸諸国、とりわけ奴国との関連が指摘できる。

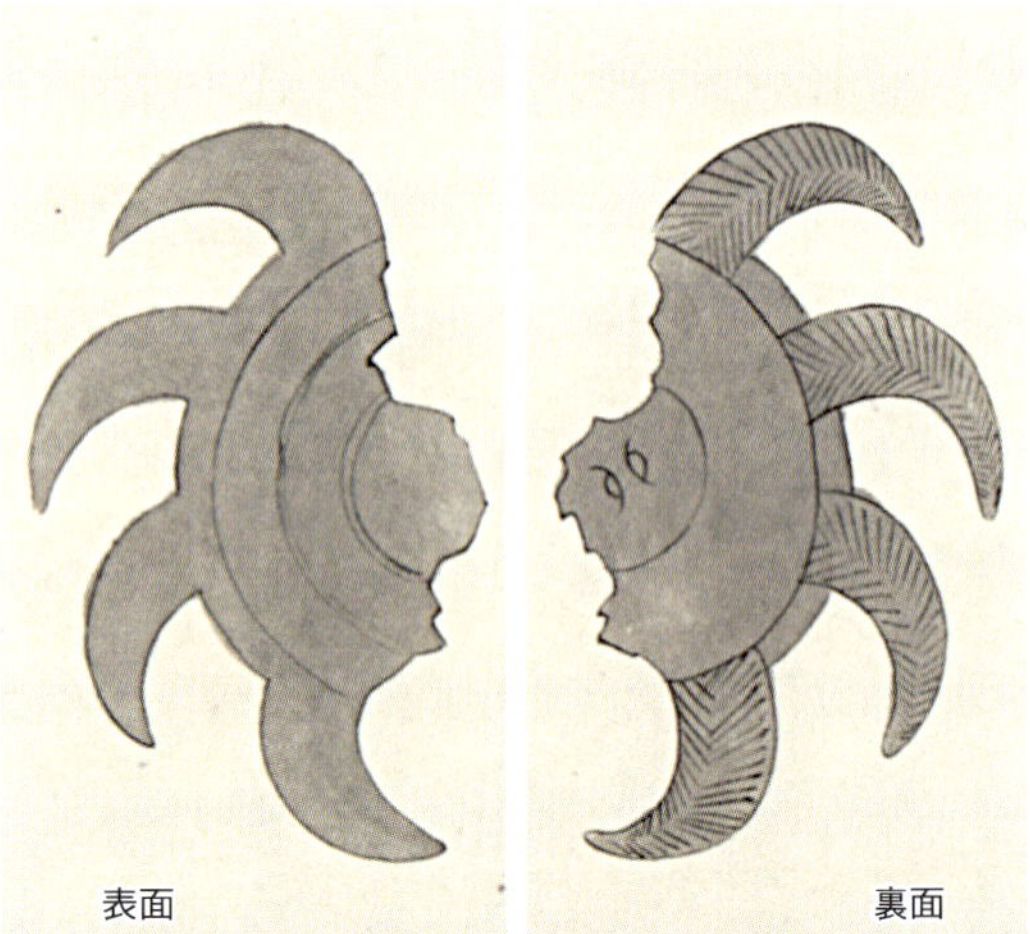

図17 ● 青柳種信による井原鑓溝出土巴形銅器の模写
最大径は約15㎝と大型で、体部が二段、脚裏面には綾杉文をもつ点などが特徴である。

また、これ以外に「鎧の板の如きもの」、「刀剣類」が出土したようであるが、模写や記録がなく詳細は不明である。鎧（甲）は同時代では鉄製のものは類例がなく、詳細はわからない。刀剣類も不明だが、複数の鉄製武器を副葬していたものと考えられる。

以上のような出土品の内容から、井原鑓溝王墓は弥生時代後期前半の厚葬墓であり、多量の鏡を副葬している点からも伊都国の王統を継ぐ王墓のひとつであったととらえられる。同時期の厚葬墓とくらべても、ほかに比肩するものがないほどの屈指の副葬内容であり、伊都国王の勢力が継続して北部九州において盟主的な存在として権力を保持していたことの証《あかし》といえよう。

幻の王墓を探せ！

天明年間に発見された井原鑓溝王墓であるが、先述したように現在もその詳細な出土地点は特定できておらず、この幻の王墓を探して継続的に確認調査がおこなわれてきた。三雲南小路王墓から南へ一〇〇メートルほど離れた微高地上が、江戸時代の三雲村と井原村の村境に相当し、そこに掘られた溝が「鑓溝」であるとすると、その近辺が井原鑓溝王墓の出土地であった可能性が高いと推察される（図18）。

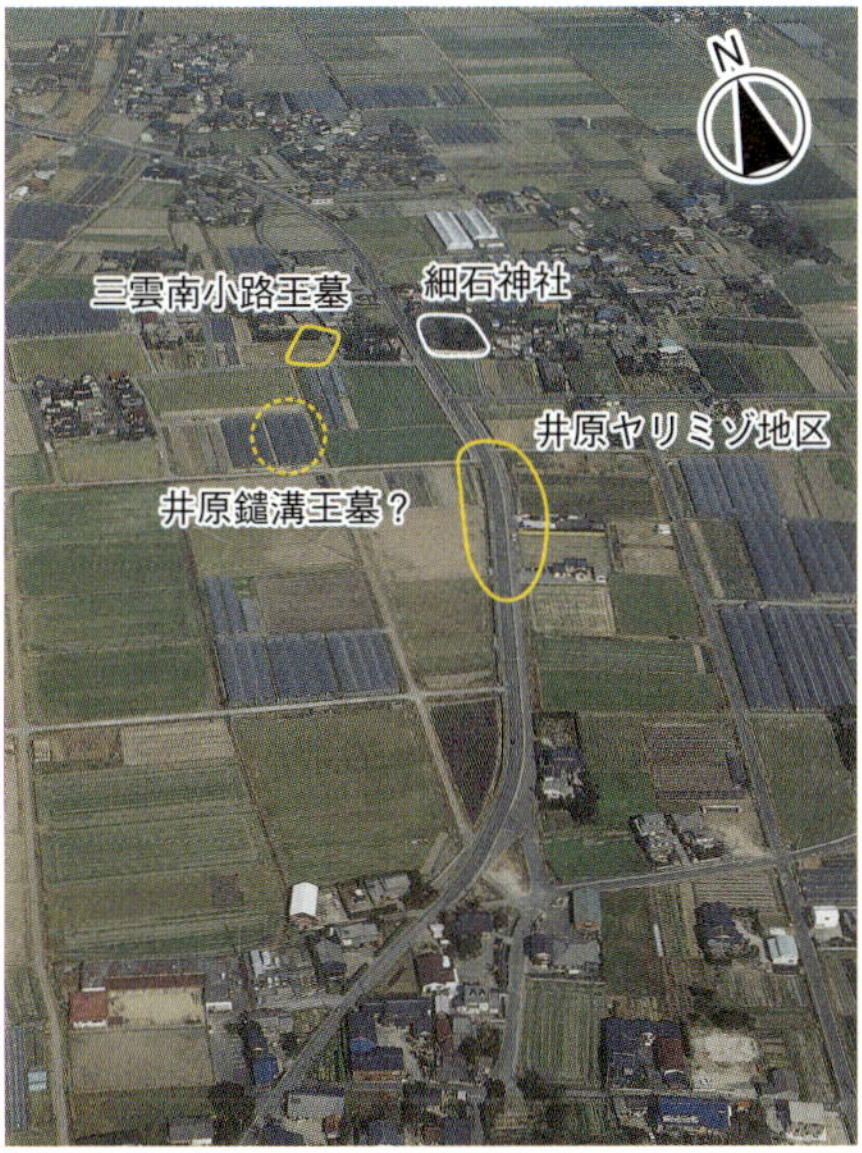

図18 ● 空からみた井原鑓溝周辺
写真上にみえるのが三雲集落、下が井原集落である。その間の村境付近が井原鑓溝王墓の出土地点と推定されている。

二〇〇四年、そのエリアを南北に通る県道の整備工事にともないおこなわれた、井原ヤリミゾ地区の発掘調査で重要な発見があった。南北方向に主軸をそろえて埋葬された木棺墓、石棺墓、甕棺墓、祭祀土坑で構成された弥生時代後期の墳墓群がみつかり、このなかに副葬品をもつ墓が多数ふくまれていたのだ。

6号木棺墓では、棺外に方格規矩鏡が半割され重ねられた状態で副葬されていた。棺内では頭部を中心に大粒のガラス小玉も多量に出土した。17号木棺墓では、割れた状態の「長《ちょう》宜《ぎ》子《し》孫《そん》」銘《めい》内《ない》行《こう》花《か》文《もん》鏡《きょう》の縁の部分が、遺体下に置かれた状態でみつかった。さらに1号、7号木棺墓では、内行花文鏡の破砕片のみが副葬されており、このことから弥生時代後期初頭の段階で、銅鏡を破砕して副葬する行為が墓制として確立していたと考えられる。ほかに多量のガラス玉などが副葬され、棺内外に水銀朱が塗布・散布される点も同時期の葬送における特徴といえる。

この墓群からは、合わせて後漢鏡六面、ガラス玉一万点以上が出土しており（図19）、副葬品を有する割合は木棺墓で

図19 ● 井原ヤリミゾ地区から出土したガラス玉
伊都国における弥生時代後期の厚葬墓の副葬品として顕著なのが多量のガラス玉である。
井原ヤリミゾ地区では1万点を超えるガラス玉が出土している。

は五割強、甕棺墓でも一割強となり、弥生時代後期の集団墓地として非常に高い副葬品保有率を示している。

これら墓群の時期は弥生時代後期初頭から終末までの長期におよぶが、副葬品を有する6号、17号木棺墓は近接する甕棺墓との層位関係から弥生時代後期中葉と推定されている。これら墓地の造営の時期は、井原鑓溝王墓とほぼ同時期に重なるが、多量の銅鏡を副葬した井原鑓溝王墓とは副葬品の数や内容に隔たりがあることから、王の墓ではなく、王の下位にあたる王族あるいは王を支えた有力者層の墓と考えられる。

また、井原ヤリミゾ地区をふくめた三雲・井原遺跡の南東部は蝙蝠座鈕《こうもりざちゅう》内行花文鏡が出土した三雲寺口《てらぐち》地区、ガラス小玉の副葬が確認された三雲堺《さかい》地区など、副葬品を有する墳墓が集中するエリアであり（**図33参照**）、この一帯はまさに伊都国の有力者層の墓域であった可能性が高いと考えられる。井原鑓溝王墓の探索はこれからも続くが、探索すべきエリアは確実にせばまっている。

5　伊都国域の墓制

弥生時代中期後半から後期にいたる時期の伊都国では、三雲・井原以外の地域においても、王墓とは評価できないものの、王墓につぐ階層の多様な副葬品が納められた墳墓が多く存在している。これは、伊都国の中枢部に存在した王統とは違う有力集落が各地に点在し、またそれらを束ねる有力者が存在し、王を頂点とした重層的な地域社会を構成していたことを示唆している。ここでは、同時期の伊都国内の墓の諸相をみていこう（遺跡の位置は図7参照）。

割れた鏡や水銀朱などを副葬した甕棺

三雲・井原遺跡の北東四キロに位置する飯氏《いいじ》遺跡では、弥生時代の甕棺墓群が発見され、このうち弥生時代後期前半の小型の合口甕棺《あわせぐちかめかん》から、バラバラに割れた内行花文鏡一面が出土している。井原ヤリミゾ遺跡などにみられるような、葬送儀礼の一環として破砕鏡を甕棺に副葬した事例ととらえられる。

糸島半島の南端丘陵上の泊熊野《とまりくまの》甕棺墓では、弥生時代後期初頭の小型甕棺の底に、水銀朱が多量に堆積している状態で発見された（図20）。これらはパウダー状の良質のもので、埋葬時から棺底に敷いていたものととらえられる。水銀朱は古代中国では不老不死薬の原料として珍重されていたものであり、硫黄同位体比の分析による産地同定の結果、泊熊野甕棺墓のものは大陸由来のものとみられている。

伊都国西部域の有力首長の墓と推定されるのが、長野川流域の丘陵上に位置する東二塚《ひがしふたつか》甕棺墓である。東京国立博物館にその出土品が所

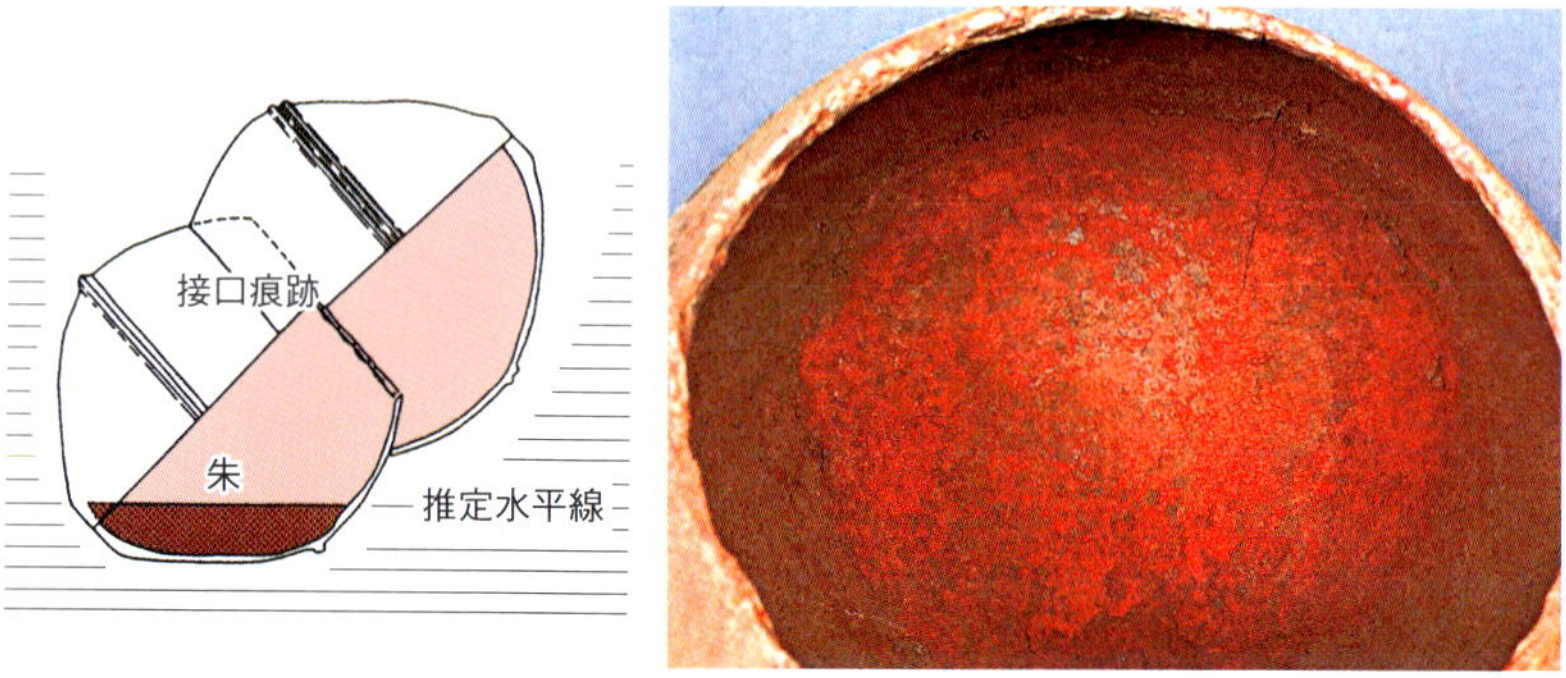

図20 ● 甕棺の底に堆積していた水銀朱粉末（泊熊野甕棺墓）
上下棺内側に水銀朱が塗布され、棺底には溜まったような状態で約3リットル分に相当する水銀朱が出土している。

蔵されており、詳細な出土経緯などは不明だが、甕棺の棺内から鉛ガラス製の釧《くしろ》、管玉、小玉などが多量の水銀朱とともに出土したと伝わる。

伊都国の中枢部の墳墓群では、弥生時代後期以後、王墓や有力者層の墓に木棺が採用される傾向があるが、これに対し、飯氏遺跡や東二塚甕棺墓など周縁地域の有力者層の墓では、弥生時代後期にも引きつづき甕棺に埋葬された傾向がみてとれる。とくに、弥生時代後期から古墳時代前期の糸島特有の甕棺とされる「神在式《かみありしき》」、「福井式《ふくいしき》」とよばれる甕棺が伊都国の西部域に集中して出土している点は、伊都国内部の地域社会の動向を知るうえで興味深い。

長大な素環頭大刀の副葬

上町向原《かんまちむかえばる》遺跡は、古加布里《こかふり》湾を広くのぞむことができる丘陵の北端に位置する、弥生・古墳時代を主体とする墳墓遺跡である。一九五七年にこの遺跡内の巨大な箱式石棺の棺外西側から、残存長一一九・四センチの長大な素環頭大刀《そかんとうたち》が出土した（図21）。この鉄製大刀については鉄の材質分析がおこなわれ、紀元一〜二世紀初頭に大陸で製作されたものであると推定されて

図21 ● 上町向原遺跡出土の素環頭大刀
直刀と推定され、環頭部を刀身と一体的につくりだす共作りにより製作されたものとみられる。

いる。これほどの大刀は、弥生時代の大刀としては類例のない国内最大級のものであり、「倭人伝」にある卑弥呼が下賜された「五尺刀」とする見方もある。魏の時代の一尺を二四・二センチとすると、五尺は一二一センチほどとなり、この刀の実寸に近い。

中国銭「貨泉」を副葬した墳墓

雷山川《らいざんがわ》中流域の三坂七尾遺跡では、甕棺墓・土壙墓などを主体とした弥生時代中・後期の墳墓群が発掘調査されている。そのなかの土壙墓のひとつでは、主体部の被葬者頭部付近にガラス小玉が撒かれ、そのかたわらから新〜後漢時代に使用された中国銭「貨泉《かせん》」が出土した。

このような中国銭の墳墓への副葬例はたいへん珍しく、被葬者の特殊性があらわれている。糸島は、弥生時代の拠点的な集落において、貨泉や半両銭《はんりょうせん》などの中国銭が多く出土する地域として知られ、こうした墓への副葬事例は、大陸との交易が頻繁におこなわれていた伊都国ならではの事象といえるだろう。

以上のように、弥生時代中期後半から後期にいたる時期の伊都国域における有力者層墓の様相をみてきたが、王墓にみられた多量の銅鏡の副葬や銅鏡の破砕行為以外にも、王墓につぐ階層の墓にガラス製品や水銀朱、素環頭大刀、中国銭など、特徴的な副葬品がみとめられる。これらほとんどが大陸に由来する漢系遺物である点で共通しており、伊都国が弥生時代中・後期において倭の対外交渉の中心的な地域であったことを如実に反映したものといえるだろう。

6　最後の伊都国王墓・平原王墓

王墓の発見と発掘調査の経緯

伊都国の三大王墓のうち、三雲南小路王墓（弥生時代中期後半）や井原鑓溝王墓（弥生時代後期前半）につづいて、最後に紹介するのが平原《ひらばる》王墓である。これまでの発掘調査成果や出土品の検討結果から、平原王墓の築造時期は弥生時代終末とされ、弥生時代から古墳時代へと移りかわる直前の墳墓ととらえられており、「最後の伊都国王墓」などと評されることもある。

平原王墓は、三雲南小路王墓や井原鑓溝王墓のある伊都国の中心域（三雲・井原遺跡）から北西に一・四キロほど離れた曽根丘陵北端の尾根上に位置しており、立地がまったく異なっている（**図22**）。曽根丘陵は、怡土平野の西方、脊振山系から北方にのびる丘陵で、現在は丘陵全体が住宅地へと変貌をとげているが、王墓が発見された当時、周辺一帯は農地として開墾され、田園風景が広がっていた。

図22 ● 三つの王墓の位置関係（北から俯瞰）
右側の曽根丘陵の突端付近に位置するのが平原王墓、奥の平野部にあるのが三雲南小路王墓と井原鑓溝王墓推定地。平原王墓はほかのふたつの王墓と立地を異にする。

王墓の発見は一九六五年一月中旬のこと。当地においてミカンの植樹のため溝の掘削がおこなわれていたところ、突如、朱にまみれた土のなかから多量の銅鏡片や玉類などが続々と発見されたのであった。この衝撃的な発見を契機として福岡県教育委員会が調査主体となり、糸島出身の考古学者、原田大六氏を調査主任として、緊急的な発掘調査（第1次調査）が開始された（**図23**）。

この調査では、多量の銅鏡などを副葬した王墓（1号墓）をふくむ周溝墓《しゅうこうぼ》二基、円墳二基、土壙墓、土坑、井戸跡（のちに大柱跡とされる）などが検出された。王墓からは、総数三九面分（のちに四〇面分に修正される）におよぶ多量の銅鏡をはじめ、素環頭大刀一点、メノウ管玉一二点、ガラス勾玉三点、さらに多数のガラス管玉・ガラス丸玉などが出土した。弥生時代の墳墓としては、ひとつの墳墓内に副葬された銅鏡の数は国内最多であり、また出土した銅鏡のなかには国内で最大級となる直径四六・五センチの超大型の内行花文鏡もふくまれるなど、当代屈指の豊富な副葬品をもつ墳墓であることがわかった。その被葬者は、武

図23 ● 平原王墓の発掘（1965年）
現在は周辺が住宅地へと変貌したが、かつては見通しのきく田園風景のなかに平原王墓はあった。

器が少なく装飾品が多いという副葬品の構成などから、女性であると推定され、「倭人伝」に記された「卑弥呼」の姿を彷彿とさせる女王の墓として大きな注目を集めた。

　この第1次調査の発掘成果は、調査を担当した原田氏によって、調査後に立てつづけに論文・書籍などに発表され、その重要性が世に提起された。原田氏没後の一九九一年には、その遺志を継いだ平原弥生古墳調査報告書編集委員会によって調査報告書がまとめられ、『平原弥生古墳―大日孁貴《おおひるめのむち》の墓―』として刊行された。

　また、第1次調査以後も前原町（市）教育委員会による王墓周辺の調査が数次にわたりおこなわれており、遺構の確認が進められている。それらの調査成果については、二〇〇〇年に刊行された『平原遺跡』において、第1次調査にも参加していた柳田康雄氏により、詳細な遺構・遺物の説明とともに考察を加えてまとめられている。

　王墓をふくむ平原遺跡の遺構については、一九八二年に国史跡「曽根《そね》遺跡群」を構成する遺跡として一括して指定され、現在は平原歴史公園として保存・整備されている。また、王墓（1号墓）の出土品は二〇〇六年に一括して国宝に指定されている。

王墓の構造と副葬品の出土状況

　これまでの発掘調査成果で明らかとなっている平原王墓周辺の遺構配置をみてみよう（図24）。平原遺跡で確認されている墳墓としては、平原王墓（1号墓）を取りかこむように、周溝をもった2～5号墓があり、計五基の墳墓群が確認されている。

王墓は、周囲を溝で区画された周溝墓であり、東西一三メートル、南北九・五メートルの規模である。周溝は不整形な方形で、周溝の内側に明確な盛土の痕跡は確認されていないが、主体部の墓壙が浅いことから、本来は墳丘があったものと推察される。周溝は南東部分で途切れ、全周していない。

　墳丘の中央からやや北東寄りに、東西に主軸をもつ四・六×三・五メートルの長方形の土壙を掘り、その中央近くに全長三メートル、最大幅一メートルほどの割竹形木棺《わりたけがたもっかん》を納めていたと推定される。埋葬主体が割竹形木棺とされるのは、土壙の底部断面が半円状に丸くなっているためである。木棺、被葬者の遺骸ともに残存していないが、棺底部分の土には、厚さ四センチほどの青色粘土が敷かれ、そのうえに水銀朱が全面に沈着しており、木棺底部に塗布されていたことが考えられる。

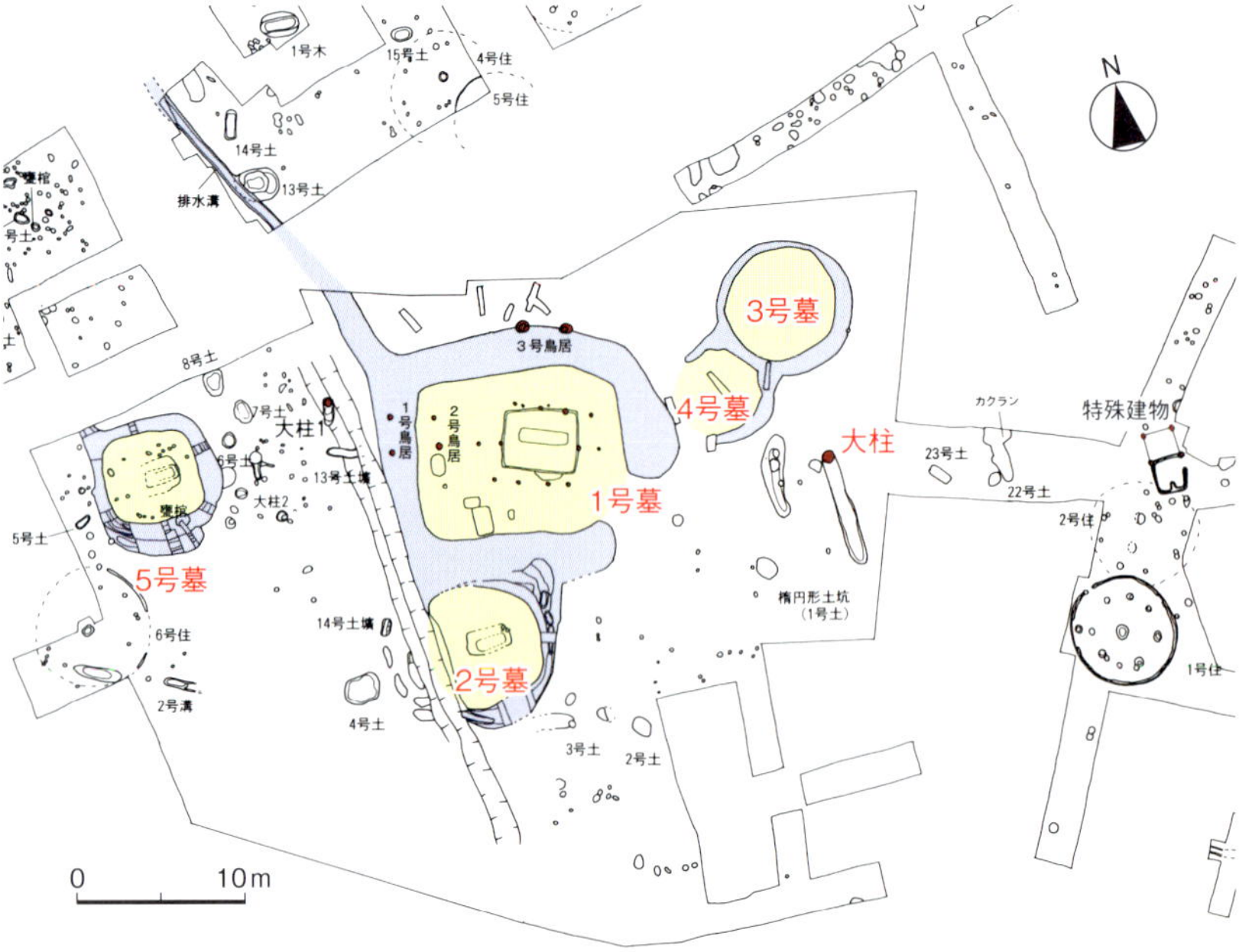

図24 ● 平原王墓周辺の遺構配置
西側の5号墓がつくられ、そののち1号墓（王墓）、2号墓と周溝墓群が連続的に形成される。王墓に関連する遺構として、周辺から小型柱穴群や大柱跡などが確認されている。

墓壙内と棺内からは多くの副葬品が出土した（図25）。棺内では、発見時に西側からメノウ管玉、ガラス管玉、多量のガラス玉類、ガラス耳璫《じとう》片、素環頭大刀が出土した。玉類の多くはとくに木棺内の西端から集中して出土しており、被葬者は頭を西にむけて埋葬されていたと推察される。素環頭大刀も同じ位置で木棺の主軸と直行した向きで出土しているが、これは棺外に置かれていたものが落ちこんだものととらえられる。

棺内中央のやや西寄りにもガラス勾玉をはじめガラス丸玉が集中する部分があり、また鏡片が出土している。後述するように、多量の銅鏡片はそのほとんどが木棺の外、とりわけ四隅の位置に集中し、すべてが割れた状態で出土しているが（**図2参照**）、鏡片の欠落のない一部の鏡については、もとは完形の状態で被葬者の頭部付近に副葬されていたのではないか、との見方もある。

王墓をとりまく遺構

卓越した副葬品をもつ厚葬墓である平原王墓（1号墓）だが、その周

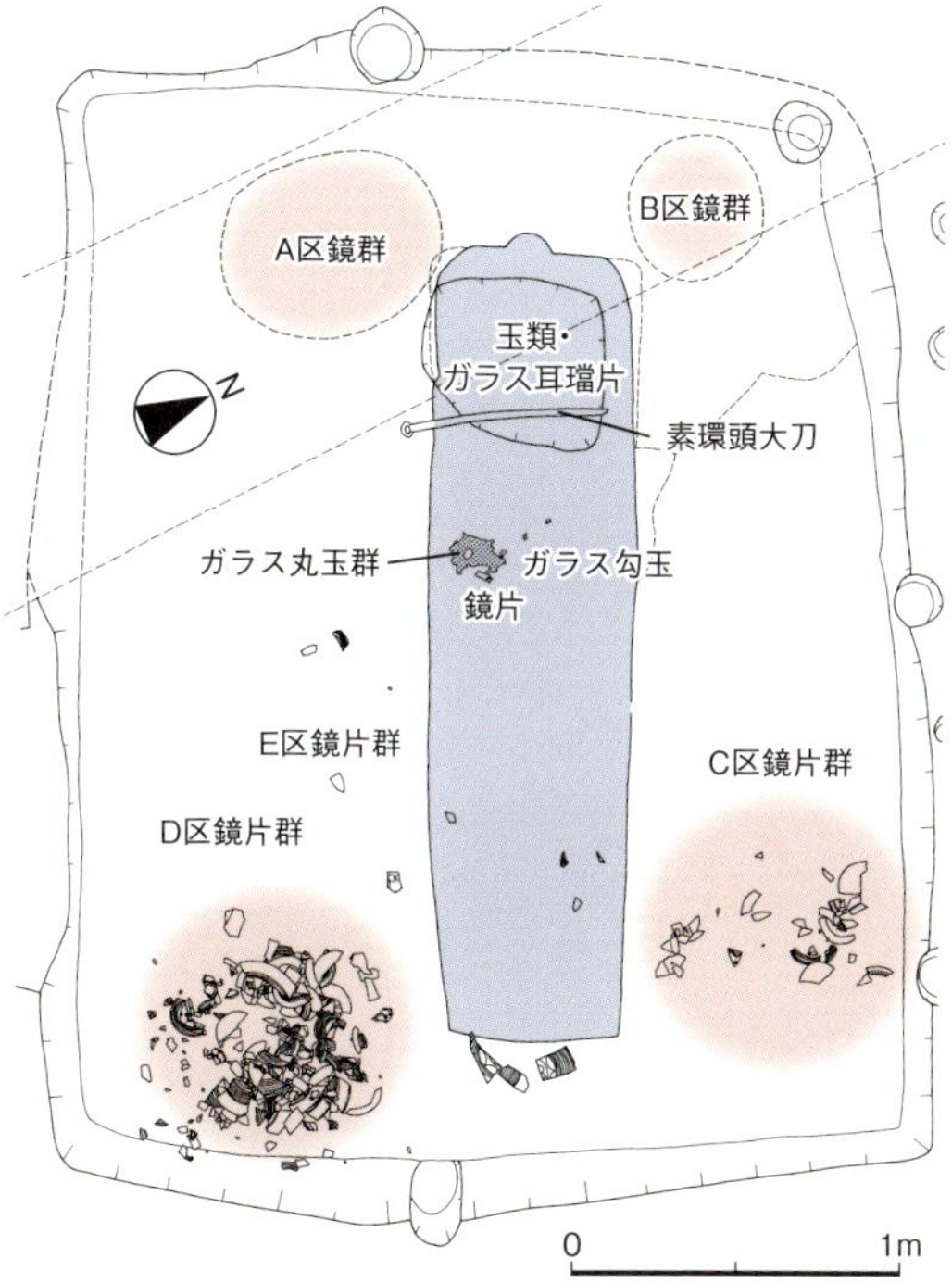

図25 ● 王墓（1号墓）主体部の構造
埋葬主体である割竹形木棺の四隅を囲むかのように、破砕された多量の銅鏡群が出土している。棺内は被葬者の上半身部分に装飾品などの副葬品が集中する。

辺には、ほかの墳墓（2〜5号墓や土壙墓・木棺墓など）が存在し、単独で築かれた墓でなく、集団墓群のなかの墳墓のひとつとして築造されている点に着目したい。

王墓の南に隣接する2号墓は、王墓と周溝を一部共有する不正方形の墳丘をもつ周溝墓で、王墓の築造時期を推定するうえで重要な鍵を握る墳墓である。周溝を共有する位置関係や類似した構造を考慮すると、王墓とはあまり時間差をもたず、後続して築かれたと考えられる。また2号墓の墳丘上から弥生時代終末〜古墳時代初頭の土器片が出土していることから、王墓の築造はそれより少し前の弥生時代後期後半〜終末ごろとする根拠となっている。なお王墓の周辺で発見された土壙墓、木棺墓が築かれたのも2号墓の築造に前後した時期とみられている。

また、王墓の東に築かれた3・4号墓は、1・2号墓よりもあとに築かれた古墳で、周溝からは土師器《はじき》の高坏《たかつき》や甕が出土しており、築造時期は古墳時代前期中ごろである。

平原遺跡のもっとも西側で発見された5号墓は、東西五・六×南北五・二メートルの隅丸方形の墳丘墓で、周囲に溝をめぐらせている。この周溝の埋没後に埋められた弥生時代後期前葉の小児甕棺がみつかっていることから、墳墓自体の構築はそれよりも古い弥生時代後期初頭と考えられ、現在確認されている平原遺跡の墳墓群のなかでは最初につくられた墓と判断される。墓の中心部は攪乱されていたが、のちに周辺で採集された二点の前漢鏡片があり、この墓の副葬品であった可能性が指摘されている。

このように平原遺跡の墳墓群は、弥生時代後期初頭に築かれた5号墓を皮切りに王墓である1号墓（弥生時代終末）、2号墓（弥生時代終末〜古墳時代初頭）、そして3・4号墓（古墳時代前期）の順で、弥生時代後期から古墳時代前期までの長い歳月をかけて連綿と形成された墳墓群なのであり、伊都国の中心域に形成された井原鑓溝王墓などの厚葬墓群と併行する時期に形成された墓群である。立地の違いなども考慮すると、それまでの伊都国王墓の王統とは異なった、別の首長系譜の墓であった可能性も考えられる。

また、このほかにも１号墓の東南で確認されている、スロープをもった直径約七〇センチの竪穴遺構については、大柱跡（原田氏は「井戸」とする）とみられており（**図26**）、墓からみて東南の日向峠《ひなたとうげ》の方角（特定の時期の日の出方向）に位置していることから、太陽信仰に関連づけ、葬送儀礼に関連する遺構とする見方もある。また王墓の墓壙周辺で確認されている小型柱穴群からは、葬送儀礼にともなう殯宮《もがりのみや》や鳥居などの存在も想定されている。

図26 ● **大柱跡と柱穴群の位置関係**
被葬者の埋葬主軸の延長上に大柱跡が位置しており、さらにその先に日向峠があることから、太陽信仰や暦と王墓の被葬者を関連づける見方がなされている。

7 平原王墓の出土品

王墓（1号墓）出土の銅鏡

平原王墓出土銅鏡は、超大型鏡五面をふくむ七面の内行花文鏡と三二面の方格規矩四神鏡、そして一面のみ出土している四螭《しち》鏡の計四〇面であり（図27）、その数の多さにくらべると、鏡種としてはわずか三種類しかない点が特徴である。

超大型内行花文鏡　出土銅鏡のなかで、ひときわ存在感を放ち平原王墓のシンボル的な存在となっているのが、超大型内行花文鏡である（図28）。破片のみのものをふくめて全部で五面分が出土しており、直径は四六・五センチ。その大きさはほかに類をみない特別な鏡であり、弥生時代の銅鏡としては国内最大である。

文様の基本構成は、中国の「長宜子孫《ちょうぎしそん》」銘内行花文鏡をモデルとして大型化したものとみられ、内区（鏡背面の内側部分）の松葉文《まつばもん》は同心円帯に簡略化されているが、その内をめぐる花文（連弧文）帯、さらにその内側に、鈕《ちゅう》から放射状に配された八枚の葉文が配された八葉座をもち、鏡全体にどっしりとした重厚感が漂う。この超大型内行花文鏡について、原田氏は、その文様と類例のない大きさからいわゆる「三種の神器」のひとつである「八咫鏡《やたのかがみ》」と解し、伊勢神宮の八咫鏡も、もとは同型の鏡であったのではないかとの説を提示した。

発掘当初は四面分（10〜13号鏡）の出土と考えられていたが、そののち柳田氏の詳細な観察による調査で12号鏡とそれに付随する鏡縁片との研磨の状態が大きく異なっていること、さら

図 27 ● **平原王墓出土の銅鏡群**
計40面分が割れた状態で出土しており、超大型の5面をふくむ内行花文鏡7面、四螭鏡1面、方格規矩鏡32面であり、3つの鏡種で構成される。同型鏡が多い点や、彩色された鏡がふくまれる点などの特徴があげられる。

図28 ● **超大型内行花文鏡**（10号鏡）
伊都国を象徴する日本最大級の銅鏡。中央の鈕座は特異な八葉座で、その外側に太い突線の円圏・連弧文を配する。5面の内行花文鏡のうち10・11号鏡の2面については破片がほぼ揃っており、もとは完形の状態で副葬されたとの見方もある。

に鉛同位体比《なまりどういたいひ》による材質分析でも別個体であるとの見解が示されたことから、鏡縁片をあらたに14号鏡とし、全部で五面の出土と修正された。

これら五面の鏡は、もととなる鏡を踏み返し（砂・粘土などに押しつけて型をとる方法）などによりつくられた鋳型によって生産された、いわゆる「同型鏡《どうけいきょう》」とみられており、鋳あがりの具合の違いや損傷の進行から、12号鏡→13号鏡→11号鏡→10号鏡→14号鏡の順番で製作されたと推定されている。ただし、五面の文様は鈕孔《ちゅうこう》（つまみに穿たれた孔）の方向が完全に一致しないことから、ひとつひとつ異なる鋳型を使用してつくられたものと考えられている。

この超大型鏡以外の内行花文鏡としては、「大宜子孫《たいぎしそん》」銘をもつ15号鏡と「□宜子孫」銘をもつ16号鏡がある。「大宜子孫」銘鏡は、鏡片が完全にそろった直径二七センチの大型鏡であるが、中国鏡では「長宜子孫」となる銘文が「大宜子孫」となり、その書体も中国鏡にはない。

方格規矩四神《しじん》鏡　平原王墓の副葬鏡でもっとも多くの割合を占めるのが、三二面におよぶ方格規矩四神鏡群である（**図29左**）。そのうち同型鏡六組が一四面もあり、「尚方作《しょうほうさく》」や「陶氏作《とうしさく》」の銘が鋳出されたものや、彩色された特殊な鏡も多くふくまれている。こうした特徴からは、出土した銅鏡群が短期間のうちに特別な目的をもって特定の工房で製作されたのち、一括して副葬に供された状況を示唆している。

四螭鏡　内行花文鏡と方格規矩四神鏡が鏡種のほとんどを占める平原王墓出土鏡群において異彩を放つのが、唯一出土している四螭鏡（17号鏡）である（**図29右**）。これは乳で区画した四区画に逆S字の龍文を配し、その内外に小禽獣を配した前漢時代の鏡種で、同種の鏡としては最大級のものである。各龍文の背部に朱雀《すざく》、龍、虎、鳥文があらわされている。前代から伝世した鏡を副葬鏡にふくませる意図があったとみられ、重要な意味をもった副葬品と考えられる。

平原王墓の出土鏡の最大の特徴は、ほぼすべての鏡が割れた状態で出土していることである。墓壙内出土の銅鏡群は、発見時にすでに植栽作業によって攪拌されてしまい、いつ割れたか詳細が不明だが、結果的にすべての銅鏡が割れた状態で出土している。埋葬時の状態を残していた墓壙の東側では、墓壙の両角近くに破砕した銅鏡がかたまりをなして集中して出土しており、西側においても同様に副葬されていたと考えられる。つまりこれらは、被葬者の棺を囲むように墓壙の四隅を中心に埋置されたのであろう。なお、柳田氏は、東側で出土した超大型内行花文鏡二面と、「大宜子孫」銘と「□宜子孫」銘の二面の内行花文鏡については、鏡片がほぼ全片そろい、かつ各破片が大きいことに着目し、これらの鏡が埋葬時完形の状態であった可能性を指摘している。

ところで、銅鏡が埋葬時にすでに割られた状態であったとすると、葬送儀礼として鏡を破砕するような特殊な行為をおこなっていたことが推察される。平原王墓の発見当初、こうした多量の銅

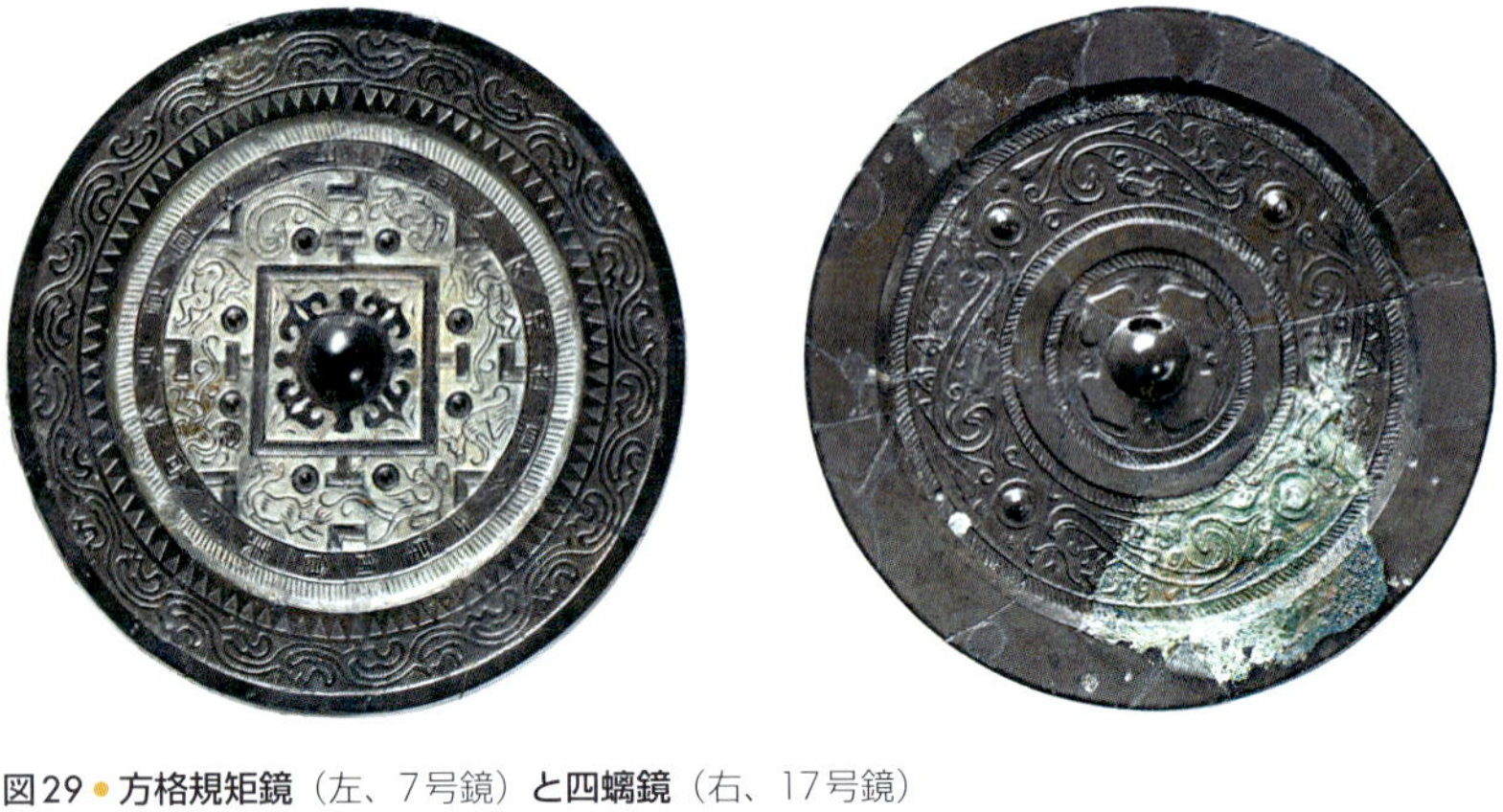

図29 ● 方格規矩鏡（左、7号鏡）**と四螭鏡**（右、17号鏡）
7号鏡は径16.1cmの「尚方作」銘をもつ彩色された方格規矩四神鏡で8・9号鏡と同型鏡。17号鏡は平原王墓で唯一の四螭鏡で16.5cmを測り、同種の鏡としては国内最大級のものである。

鏡を破砕した状態での出土は類例がなく、きわめて特殊な出土事例ととらえられていたが、近年、糸島をふくむ脊振山系周縁部の弥生時代後期〜終末の墳墓から、銅鏡を破砕しおもに棺外に割れた状態で副葬する事例が複数確認されている。先に述べた井原鑓溝王墓や井原ヤリミゾ地区の有力者層の墳墓群の出土鏡についても破砕された鏡を副葬していた可能性があり、弥生時代後期初頭から終末にかけて、伊都国を中心とした地域でおこなわれていた特徴的な葬送儀礼の一端を示すものととらえられる。

また、同型鏡が多いことも平原王墓の特徴といえよう。超大型内行花文鏡の五面一組のほかに、方格規矩四神鏡で六組一四面の同型鏡が認められる（3・4号鏡、7・8・9号鏡、24・25・26号鏡、32・33号鏡、34・35号鏡、38・39号鏡）。大量の鏡をつくりだすために、踏み返しなどによる鏡製作技術が採用されていたことを示唆している。

さらに、彩色された鏡が多いことも特異な点としてあげられる。彩色が確認された鏡の数は、四〇面中二二面におよぶ。これらの着色の手法は不明であるが、顔料を直接塗布して着色したものではなく、なんらかの化学的な処理により変色させたものであった可能性がある。薄緑色や黄色などの色で意図的な塗り分けがおこなわれており、鏡縁や銘帯、鈕の部分には着色されていない。また、方格規矩四神鏡の文様部分では、研磨などにより着色された部分が削られており、このことから着色は鋳造直後の仕上げ前におこなわれていることがわかる。

鏡に着色する行為はきわめて珍しいが、弥生時代中期後半の三雲南小路王墓２号甕棺から出土した連弧文「日光」銘鏡も赤色顔料を塗り分けており、伊都国特有の意図的な行為だったといえるのかもしれない。
そして、平原王墓出土の四〇面の鏡群には、そのモデルとなった中国鏡にはない特徴がいくつか指摘されている。まず、超大型内行花文鏡（10〜14号鏡）については、大きさや文様が中国鏡にはないことや、鋳型に銅を流しこむ湯口《ゆぐち》の位置が鈕孔方向に直交することが、中国の銅鏡製作技術と異なる点としてあげられる。また先述したように、直径二七センチの大型鏡である内行花文鏡（15号鏡）は、中国鏡では「長宜子孫」となる銘文が「大宜子孫」となっており、その書体も中国鏡のものとは異なる。さらに、鏡縁の内側にある斜角線文や連弧文の間にある結び目状文が左右反転している点も、中国鏡にほとんど類例がない。

方格規矩四神鏡では、一部の鏡に中国鏡にはない「陶氏作《とうしさく》」という銘文がみられること（図30）、魚文《ぎょもん》がほどこされていること、また2号鏡のように、主文と鏡縁部の流雲文《りゅううんもん》のすべてが反転して逆位置となるもの、さらに28号鏡では四神文のうち玄武が違う図像に差し替えられていることなども中国鏡にみられない特徴としてあげられる。

このように、平原王墓の出土鏡の多くに中国でつくられた鏡にはない特徴が数多く指摘されており、現状では、その多くは仿製鏡《ぼうせいきょう》（国内でつくられた鏡）であるとの見方が強い。しかし、鈕孔などの製作技術から中国製とする見解もあり、結論にいたっているわけではない。

図30●**「陶氏作」銘鏡**（32号鏡）
32号鏡などに銘がみられる「陶氏」は平原王墓出土鏡をつくった工人である可能性が高いが、中国出土の銅鏡には類例がない。

ところで、たとえこれらの銅鏡群が仿製鏡であったとしても、これだけの銅鏡を入手するための素材となる銅や錫などを確保するには、その供給元となる大陸との密接な関係性が必要である。伊都国王が代々こうした多量の銅鏡を入手できた背景には、そういった関係性をいわば独占的に保持していたことが考えられるだろう。

素環頭大刀

残存全長八〇・六センチで、弥生時代においては長大な素環頭大刀である（図31）。茎《なかご》（もち手部分）も幅広な部類に入る。茎の先端を加工して楕円形の環をつくる、いわゆる共作《ともづく》りである。当初、内反りとして復元されたが、保存処理の結果、現在では直刀と判断されている。

メノウ管玉

遺跡発見時に被葬者の頭部付近から出土したとされるもので、赤メノウ製の管玉一二点が確認されている（図32①）。両側から孔が穿たれ、外形は中ほどに膨らみをもっていて、色は半透明の赤橙色で縞状の色の変化が美しい。弥生時代のものとしては国内で唯一の出土例である。

図31 ● 平原王墓出土の素環頭大刀
平原王墓の副葬品で唯一の武器類となる長大な素環頭大刀。

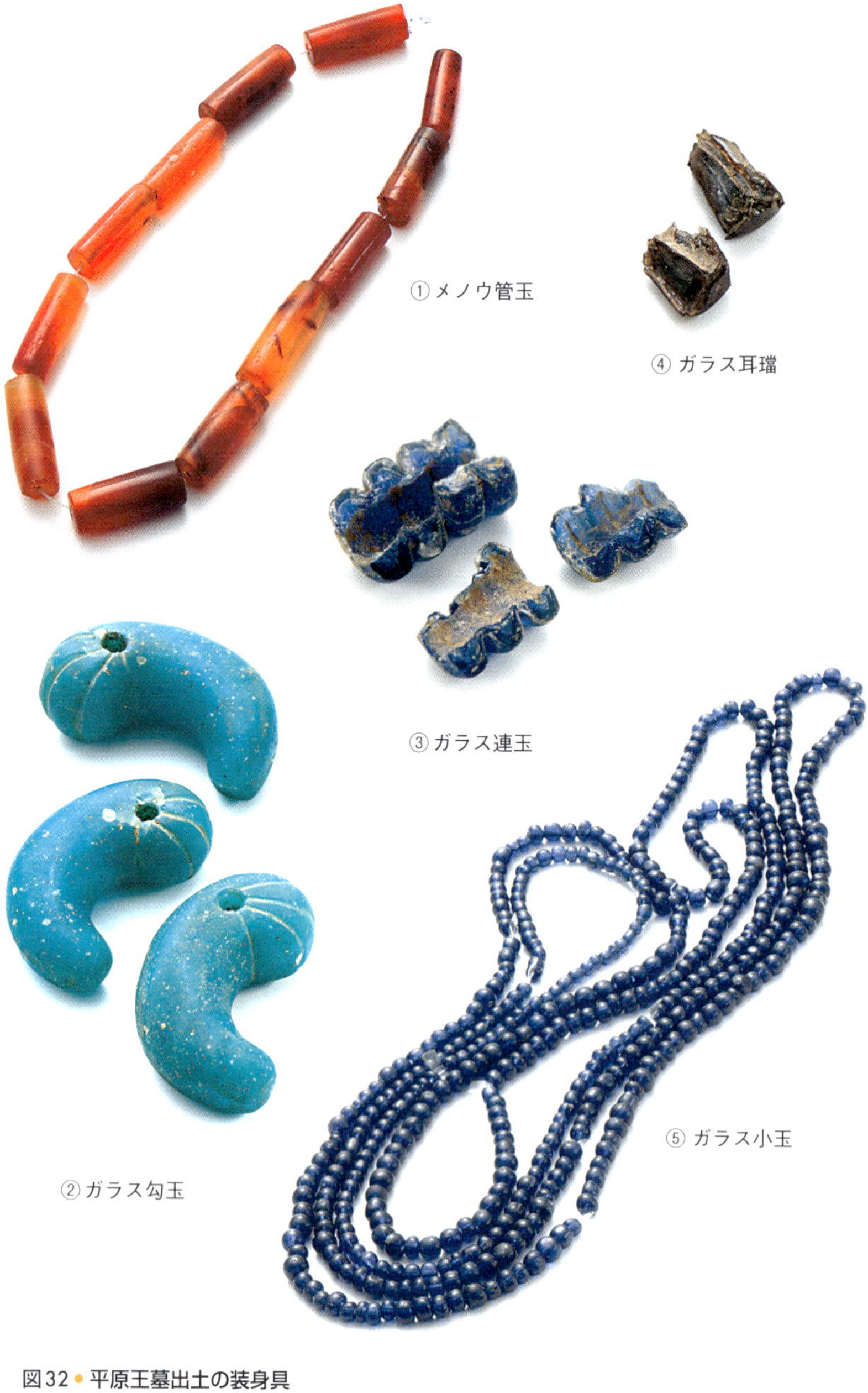

図32 ● 平原王墓出土の装身具
漢代には女性が身につけるものであった耳璫（じとう）の出土や副葬品に装飾品が多いことから、平原王墓の被葬者は女性、つまり女王墓であったとみられている。

ガラス製品

勾玉　割竹形木棺の中央付近から横一列に並んだ状態で三点出土している（図32②）。淡青色で、頭部に四条の刻線が施された丁字頭である。大きさは各個体で小差があり、長さ二・八八〜三・〇一センチ、重さ九・一三〜一一・四グラム。弥生時代のガラス勾玉としては珍しい両側穿孔《せんこう》で、鋳型で製作されたものと考えられる。鉛バリウムガラスでつくられている。

管玉　メノウ管玉と同様に、遺跡発見時に棺内頭部付近から出土したとされ、約三〇点が確認されている。中央がわずかに太いエンタシス状をしている。表面が青色で芯が白色化したものと、全部が白色化したものがあり、巻き付け技法によって製作されたとみられる。鉛バリウムガラスでつくられている。

連玉　被葬者の頭部付近で出土した径約四〜五ミリ、長さ約一・五〜二センチの紺色のガラス製の玉を意図的に連結したもので、二連のものが多く、四連、三連のものもある（図32③）。四連のものは両側に連結痕跡があることから、本来は六連以上が存在したとみられる。気泡を多くふくむガラスと気泡の少ないガラスを内外に二層に重ねた「重層ガラス」という特徴的な構造をもつ。コバルトによって着色されたソーダ石灰ガラスであることが判明している。

耳璫　国内で唯一確認された弥生時代の耳璫《じとう》（ピアス）であり（図32④）、被葬者の頭部付近で出土した。当初は同種の破片が三点確認されていたが、一点は材質の組成分析のために粉砕され、二点が現存する。同様のガラス耳璫は、後漢時代前期の楽浪土城や、後漢時代中期の王《おう》旴墓《くぼ》（ともに平壌《ピョンヤン》市）などにもみられ、漢系遺物のひとつととらえられる。

玉類　ほかにも多量のガラス玉類が出土している。飴色のガラス小玉は径約六～八ミリ、長さ約四～六・五ミリのカリガラス製で無数にあり、経年劣化により飴色に変色している。紺色ガラス小玉は、被葬者の頭部付近で出土し、径約二～四・五ミリ、長さ約一～四ミリで、計五〇〇点近く確認できる（図32⑤）。切り離したままの製品がなく、加熱処理によって全部に丸みがあり粒径もよく揃っており、泡や不純物の混入が少ない優品である。

ガラスはもともとが素材として脆弱であるうえに、経年劣化によって粉々になってしまったものもあり、正確な実数をつかむことは困難だが、丁字頭を刻みこんだ淡青色の大型勾玉、日本で唯一の出土資料である耳璫や連玉など、ほかに類をみない特殊な玉類が多く出土している。とくにガラス耳璫は、中国では女性を中心に用いられる装身具として知られ、武器の副葬がきわめて少ない状況と合わせ、この王墓の被葬者を女性に絞りこむ有力な根拠となっている。

平原王墓では、鉛バリウムガラス製の淡青色勾玉と青色管玉（中国系）、ソーダ石灰ガラス製の青紺色の連玉（南・東アジア系）、カリガラス製の青紺色小玉（南・東南アジア系）と、装身具の種類によって材質や製作地が異なる。とくにガラス連玉は直径が異なる二種類のガラス管を加熱圧着してつくられためずらしい重層ガラスであるが、近年のガラス分析成果によって、ローマ帝国の領域だった地中海沿岸が原産のナトロンという鉱物を使ったガラスを用いており、当時のユーラシアの東西をむすぶ交易路を通じて、最終的に伊都国へもたらされたことが解明されている。弥生時代後半の日本列島では、大陸産のガラス素材を溶かして再加工する簡易なガラス製作技術が存在したことが知られているが、平原王墓にみられるような高度かつ多様なガラス製作段階に達していたとは考えにくく、これらの多くは大陸に由来し、広範囲な地域から意図的に集められたものであったと考えられる。

8　平原王墓の時代

弥生時代後期から終末にかけて、北部九州各地の首長墓では、平原王墓以外に銅鏡を複数面副葬するような厚葬墓がなくなり、大型鏡をふくむ「鏡」の大量副葬は、伊都国へ一極集中する状況が看取できる。しかし平原王墓の造営以降、伊都国内でも銅鏡の大量副葬はみられなくなり、古墳時代にいたると、こうした銅鏡の大量副葬は、畿内ヤマト政権中枢部に継承され、前方後円墳に複数の銅鏡が副葬されるようになるのである。やがて銅鏡は全国各地の主要な古墳にも副葬されるようになり、銅鏡を副葬する葬送文化は列島全体へと広がりをみせるようになった。

「倭人伝」では、卑弥呼は「好物」として「銅鏡百枚」を魏の皇帝から下賜されている。当時の倭人が銅鏡を好み重要視するという情報は、伊都国を通じて遠く中国にまで知られており、その結果として一〇〇枚という大量の下賜につながったのかもしれない。

弥生時代の北部九州ではじまった銅鏡を副葬する文化は、伊都国の地で醸成され、やがて平原王墓の時代に大輪の花を咲かせた。平原王墓とその時代、それは列島の歴史上、伊都国がもっともその存在を輝かせた時代であったともいえるだろう。

第4章　伊都国の国邑

1　三雲・井原遺跡の規模と変遷

ここからは、集落遺跡から伊都国の社会をみていくことにしよう。まずは、伊都国の中心集落、すなわち「国邑《こくゆう》」と目される三雲・井原遺跡の集落変遷をたどってみたい。

三雲・井原遺跡は糸島市東部の怡土平野に所在する、弥生時代から古墳時代にかけて営まれた拠点集落で、東を川原《かわばる》川、西を瑞梅寺《ずいばいじ》川にはさまれている。その規模は南北一五〇〇メートル、東西七五〇メートルで、平面形は北を頂点とする二等辺三角形状を呈する（図33）。面積は集落域と墓域をあわせて最大六〇ヘクタールを誇り、同時代の原《はる》の辻《つじ》遺跡（長崎県、二七・三ヘクタール）、吉野ヶ里遺跡（佐賀県、二一・七ヘクタール）、平塚川添《ひらつかかわぞえ》遺跡（福岡県、一九・八ヘクタール）、唐古《からこ》・鍵《かぎ》遺跡（奈良県、一六・二ヘクタール）、池上曽根《いけがみそね》遺跡（大阪府、一一・七ヘクタール）などとくらべるとかなり巨大な集落であったことがわかる。

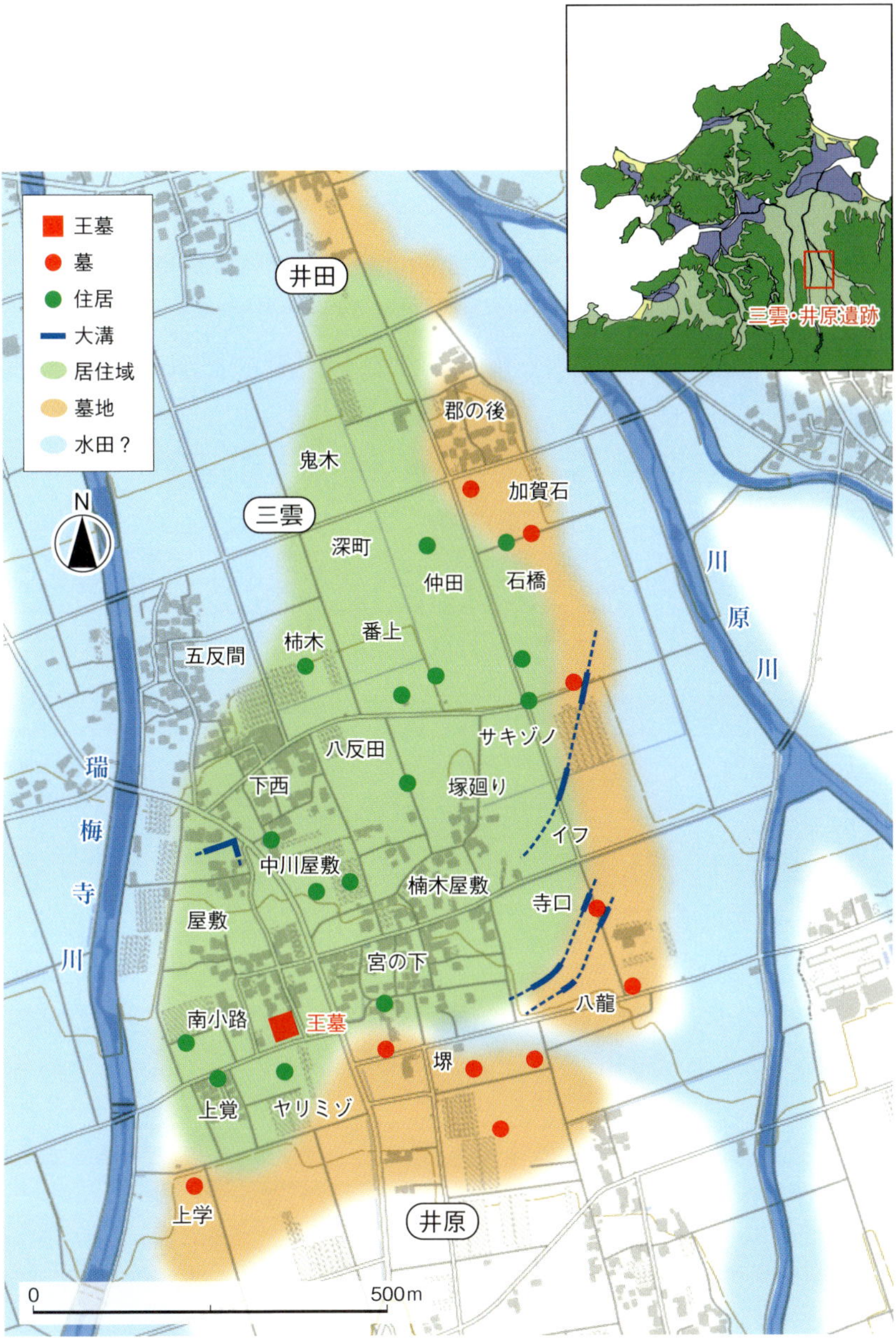

図33 ● 三雲・井原遺跡全体図
三雲・井原遺跡は弥生時代から古墳時代にかけて、東を川原川、西を瑞梅寺川にはさまれた約60 haの範囲で展開している。

東の奴国の拠点集落である比恵・那珂遺跡群（福岡県）は一〇〇ヘクタールほどと想定されており、伊都国と奴国の拠点集落が並立している状況がうかがわれる。ただ、那珂遺跡125次調査で出土した、鋳型に刻まれた巴形銅器が江戸時代に出土した井原鑓溝遺跡の巴形銅器に酷似していることなどから（**図17参照**）、両者は競合関係というより一定の協調関係にあったと言えそうである。

　弥生時代の三雲・井原遺跡の集落変遷を検討し

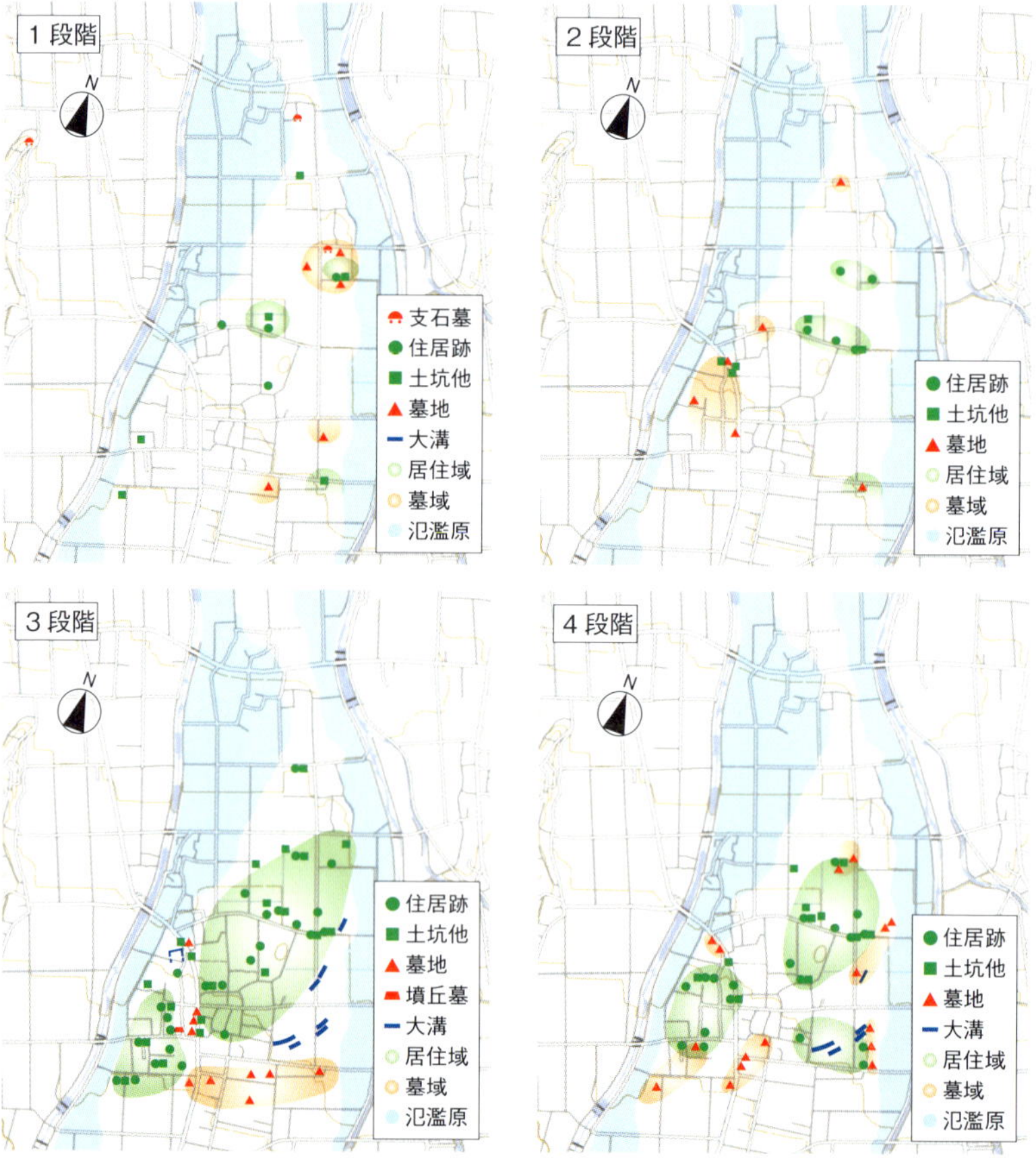

図34 ● 三雲・井原遺跡の集落の変遷
1段階：弥生時代早期〜前期末、2段階：中期初頭〜中ごろ、3段階：中期後半〜後期後半、4段階：弥生時代終末〜古墳時代初頭。弥生時代中期〜古墳時代初頭にかけて集落が拡大する状況がわかる。

た角浩行《すみひろゆき》氏は、４段階の変遷を設定し、１段階を弥生集落のはじまり（弥生時代早期〜前期末）、２段階を弥生集落の展開（弥生中期初頭〜中ごろ）、３段階を王都の成立と繁栄（弥生時代中期後半〜後期後半）、４段階を王都の終焉（弥生時代終末〜古墳時代初頭）としている（図34）。この変遷図をみると、１段階では点状に居住域が形成されていたが、３段階になると遺跡の全域に居住域が広がるとともに、その南部に墓域が形成される。４段階になると居住域が三群に分かれ、その周囲に墓域が展開することがわかる。

1段階　弥生集落のはじまり（弥生時代早期〜前期末）

広大な面積を誇る三雲・井原遺跡であるが、成立当初から巨大であったわけではないことが明らかにされつつある。三雲・井原遺跡でもっとも古い遺物は、井原ヤリミゾ２５７５番地で採集された角錐状石器《かくすいじょう》であるが、これをのぞくと、縄文時代後・晩期からは遺跡の北東部にあたる石橋・サキゾノ地区で集落が営まれることが明らかとなっている。

弥生時代に入ると、遺跡の北部にあたる加賀石地区で集落と墓域が形成される。加賀石Ⅰ−22・23地点では住居跡が一一棟確認され、そのうち三棟は弥生時代前期中ごろ〜後半に位置づけられる円形住居跡である（図35）。典型例である6号住居跡は東西径五・八五メートル、南北径六・一五メートルの楕円形で、不整形な中央土坑に主柱穴二個が確認されている。

また、加賀石Ⅰ−９地点では弥生時代前期の甕棺墓が九基確認され、もっとも残りがよい２号甕棺墓は、胴部に山形文をもつ大型壺の口頸部《こうけいぶ》を打ち欠いたものと大型壺を組み合わせている。このころの甕棺は壺を用いた小児棺で、この墓域は居住域の周縁部に形成されている。それらの大きさを確認すると、居住域は直径七〇メートル程度の範囲に広がるが、そのまわりの墓域をふくめると直径一三〇メートルほどの規模となる。現在のところ、弥生時代前期の居住域と墓域がセットで確認されるのは加賀石地区のみであることから、今後の調査で増加する可能性があるものの、北側から集落の形成がはじまったと考えてよいだろう。

また、加賀石Ｉ－1地点は加賀石Ｉ－22・23地点の北側に位置する地区で、弥生時代早期の支石墓が確認されている（一四ページ参照）。

弥生時代前期後半になると、遺跡の中心部にあたる番上《ばんじょう》地区でも住居跡が出現する。番上地区ではこれ以後継続的に住居が営まれていることから、三雲・井原遺跡内の中心地のひとつになると思われる。

このようにみてみると、三雲・井原遺跡の淵源は縄文時代後・晩期の集落形成にあるといえるが、弥生時代開始期に支石墓が形成されていることから、稲作農耕文化の受容とともに本格的な集落の運営がはじまったものと考えられる。

図35 ● 加賀石地区の住居跡（Ｉ－22・23地点）
直径6ｍ前後の円形住居跡が確認されている。方形住居跡は弥生時代後期のものである。

2段階　弥生集落の展開（弥生時代中期初頭〜中ごろ）

加賀石地区では弥生時代中期初頭段階の住居跡が確認されており、前期から居住域が継続していることがわかる。また西部の下西《したにし》地区では、窪地からこの時期の土器が多量に出土しており、居住域があった可能性がある。そののち、中期前半の状況は不明であるが、中期中ごろになると、加賀石地区の南に位置するサキゾノ地区で土坑がつくられる。この段階は住居跡が少なく、土坑や土器たまり（土器の堆積遺構）の存在から居住域が想定できるものの、構造の解明にはさらなる発掘調査が必要である。

一方、墓域は中央部の柿木《かきのき》地区で甕棺墓、木棺墓、土壙墓が、西部の屋敷《やしき》地区、南部の八龍《はちりゅう》地区では甕棺墓が出土しており、各地点であらたに墓域が形成されたと考えられる。

ここでは八龍地区の甕棺墓群をみてみよう（**図36**）。八龍Ⅱ－10地点では調査区の東南部に二八基からなる甕棺墓群がみつかっている。いずれの甕棺にも副葬品はなかったが、江﨑《えざき》靖隆《やすたか》氏が墓群の形成過程を再検討した結果、弥生時代中期前半の22号墓から墓群の形成が始まり、中期後半の埋葬によって最終的な墓

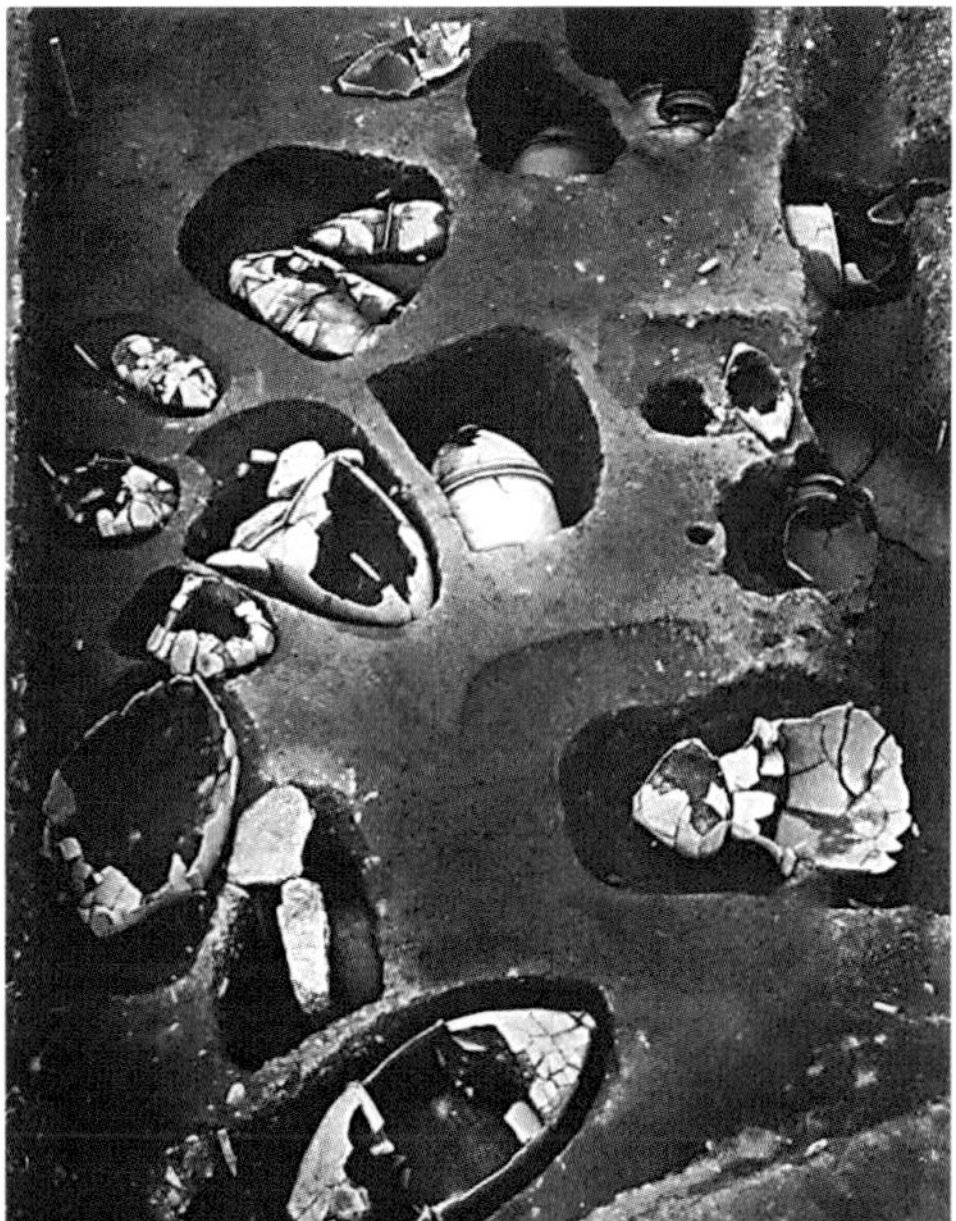

図36●八龍地区の甕棺墓（Ⅱ－10地点）
成人棺が密集しており、その周囲に小児棺が展開する。

域の範囲が確定されていることがわかった。さらに大型甕棺はほかの墓によって攪乱されていないことから、墳丘があった可能性も指摘されている。

第2章でも述べたように、怡土平野における弥生時代中期前半の有力者層墓の様相はまだ不明な点が多いが、たとえば柳田康雄氏は、弥生王墓の条件として、

①ほかの集団墓から独立した一定規模の墳丘をもつ特定個人墓であること。
②隔絶した内容の副葬品をもち、大型・中型鏡をふくむこと。
③王墓とされる背景としてその地域に王が存在する証明があること。

をあげた。八龍地区の甕棺墓群は副葬品がないことから、②の条件にはまったく合致しないが、集団墓であるものの墳丘をもつという①の条件は三雲南小路王墓と同じであり、弥生時代中期段階には、三雲・井原遺跡内に墳丘をもつ集団墓が点々と築かれていた可能性がある。

3段階　王都の成立と繁栄（弥生時代中期後半〜後期後半）

弥生時代中期後半〜末になると、前段階の不明瞭な状況から一転し、遺跡の北部から南西部まで居住域が広がる。ただ、南西部の南小路地区と中央部の中川屋敷のあいだ、ちょうど県道が南北に遺跡を縦断する箇所には、北西部から谷が入ると想定されており、集落域は大きく二つに分かれる。

この段階では西部にある下西地区の方形区画溝が注目される（図37）。下西地区は、三雲・井原遺跡の西部に位置する地区で、三〇〇メートルほど南側には三雲南小路王墓が存在する。

また、東側には谷が南北にのびていることから、王墓の位置からつづく台地の北端に位置するといえる。

方形区画溝は東西四五メートル、南北三八メートルにおよぶ。現在は住宅が建てこんでいるため、内部の状況は明らかではないが、その規模や形状から王が居住する首長居館である可能性が高い。また区画溝からは弥生時代中期後半から後期後半までの土器が認められることから、三雲南小路王墓が築かれた時期から営まれ、長期間にわたり維持された居館であるといえる。なお、本例は方形区画をもつ居館としては最古段階のものであり、一七〇〇平方メートルを超える面積は弥生時代後期後半以降に出現するものをのぞくと最大規模となる。

ここで当時に思いをはせてみよう。陸路もしくは水路で北側からこの地を訪問すると、まず見えるのが方形区画溝内の首長居館であり、その南に位置する三雲南小路王墓とあわせ、伊都国王都のシンボルとしてながく維持されたのであろう。また、その象徴性から居館そのものも高層建築であった可能性もある。

図37 ● 下西地区出土の方形区画溝
幅2.9〜3.2m、深さ約1.0m、断面逆台形で方形にめぐる溝が確認されている。
内部の構造は不明であるが、王の居館が存在している可能性が高い。

なお、三雲・井原遺跡では集落全体を囲う環濠はみつかっておらず、東を川原川、西を瑞梅寺川にはさまれる立地から、これらが環濠的な役割を果たしていたと考えられる。

一方で、集落東辺〜南辺にかけてこの時期の大溝が三条みつかっており、上面幅が三・六メートル、底幅二〜二・四メートル、深さ一メートルほどの断面逆台形を呈する。この大溝は部分的な確認にとどまっており、どのように西側へ進むのか不明な点が多く、その役割も明らかではないが、大溝の南に墓群が広がっていることから集落と墓域を区切る機能を考えたい。

4段階　王都の終焉（弥生時代終末〜古墳時代初頭）

弥生時代終末〜古墳時代初頭になると、集落構造に変化が生じる。この時期、三雲・井原の集落域は南北九〇〇メートル、東西七〇〇メートルの範囲におよび、その東側から南側、西側周縁部にかけて墓域が形成される。また、南部の大溝によって区分されていた集落と墓域の境が、大溝の埋没によって失われていく。

図38 ● 寺口地区の区画墓
左側に1・2号箱式石棺墓が直列にならび、右側に祭祀土器をふくむ区画溝が確認された。

特徴的な遺構としては、弥生時代後期後半〜終末に位置づけられる寺口Ⅱ-17地点の区画墓がある（図38）。その2号石棺墓からは内行花文鏡、碧玉製管玉、鉄鏃が副葬されていたが、そのほかの石棺墓からも鉄剣などの鉄器類やガラス玉類が出土している。弥生時代終末には、王墓は曽根丘陵上の平原王墓へと移っていくが、三雲・井原遺跡内でも有力者層の墓群が継続的に営まれていたのである。

なお、この次の段階である古墳時代前期前半になると端山《はやま》古墳が、前期中〜後半には築山《つきやま》古墳が築かれるが、弥生時代の王墓との関係性・継続性については今後の研究の課題といえる。

2　三雲・井原遺跡を特徴づける出土品

ここまで三雲・井原遺跡の時期ごとの変遷をみてきたが、出土品にはどのようなものがあるだろうか。主要な出土品から三雲・井原遺跡の特徴を探ってみよう。

楽浪系土器

先に三大王墓の項で紹介した、銅鏡を中心とする豪華な副葬品は、その多くが中国に由来し、朝鮮半島を経由してもちこまれたものである。岡村秀典《おかむらひでのり》氏は日本列島における銅鏡流入について、弥生時代中期後半は伊都国と奴国の地域で並立して窓口となっていたが、後期になると伊都国に比重が偏ることを指摘している。また、久住猛雄《くすみたけお》氏は弥生時代後期〜終末（古段階）までの交易機構について、壱岐と糸島地域を核とする交易体制が機能していたとする。これらを裏づける楽浪系土器が三雲番上《ばんじょう》地区の土器たまりから出土している（図39）。

この土器たまりは弥生時代前期中ごろから終末にかけて形成されるが、量的には前期末～中期初頭にかけて増加し、最上層にあたる黒褐色土層からは弥生時代終末の土器が出土している。また大量の弥生土器とともに、方形鍬先《くわさき》、鉄鏃、鉄素材の可能性がある板状鉄製品などの鉄器、石包丁、片刃石斧、両刃石斧、紡錘車《ぼうすいしゃ》、砥石などの石器、国内二例目の確認となる板石硯《いたいしすずり》（図40）、特殊な用途が想定されている青銅製鋤先《すきさき》とともに、小片が多いものの壺、短《たん》頸《けい》壺を中心とする数十点の楽浪系土器が集中して出土している。

日本列島で確認される楽浪系土器の大半は灰色系泥質土器である。粘土紐を積みあげたのち、ろくろで整形し、瓦質に焼きあげることが特徴で、底部には糸切痕《いときりこん》を残す。器種は筒杯《つつはい》・高《たか》坏《つき》・器台・杯・鉢・皿・大鉢・甑《こしき》・壺・大甕などである。楽浪系土器は弥生土器とはまったく

図39 ● 番上地区出土の楽浪系土器
楽浪系土器は灰色軟質で、ろくろ整形をおこない、底部には糸切痕を残すものもある。番上地区では多量多器種の楽浪系土器が出土する。

異なる色調、製作技法、器種であり、弥生時代の遺跡に一片でも混入していると気づきやすい。また、数は少ないが胎土《たいど》に滑石をまぜた褐色系の植木鉢形の土器も楽浪郡からもちこまれたものである。この土器は、三雲・井原遺跡では一点のみの出土であるが、のちに紹介する御床《みとこ》松原《まつばら》遺跡でも出土している。

近年、弥生時代後期を中心とする遺跡の調査をおこなう際には、楽浪系土器の有無に注意が払われ、大まかな分布も把握されるようになってきた。その結果、大陸の文物の受容の玄関口となっていた玄界灘沿岸地域が楽浪系土器の分布の核となるものの、十双《じっそう》遺跡（福岡県築上町《ちくじょうまち》）や立明寺《りゅうみょうじ》地区B地点（福岡県筑紫野《ちくしの》市）、ヘボノ木遺跡（福岡県久留米市）などからも少数認められることに加え、遠いところでは山持《ざんもち》遺跡（島根県出雲市）などでも出土例が知られるようになってきた。

これら楽浪系土器の出土傾向を分析した武末純一《たけすえじゅんいち》氏は、①対馬の墳墓遺跡で典型的にみられ、一遺跡に一～二点の鉢を主体とする楽浪系土器が出土する対馬型、②遺跡全体にわたり楽浪系土器が散漫に出土する原の辻型、③多器種・多量の楽浪系土器が出土する三雲番上型を設定している。①対馬型は点々と類例がみられ、②原の辻型はカラカミ遺跡（長崎県壱岐市）、御床松原遺跡、深江井牟田《ふかえいむた》遺跡（糸島市）などの一支国と伊都国域のみでみられる類型とされる。最後の③三雲番上型は列島内唯一の事例で、後述するように「倭人伝」の伊都国に関する記述との関連で重要である。

板石硯

番上地区での調査では、楽浪系土器に加えて、板石硯が確認された（図40）。板石硯とは、そもそも中国の漢代にみられる文房具のひとつで、その形状は扁平な板石を長方形にしたものである。この板石が硯であることは、一九三一年（昭和六）に確認された楽浪彩篋塚《さいきょうづか》（現在の平壌郊外）に副葬された漆硯台《けんだい》に長方形の板石が嵌《は》められた状態で出土したことにより確定した。吉田恵二《よしだえいじ》氏の研究によると、長方形板石硯は長さ一〇～一七センチ、幅五～七センチの範囲のものが多く、長幅比が二～三対一の長方形を呈し、厚さは三～七ミリに収まるとする。板石硯は、後漢代になると朝鮮半島やベトナムにまで分布を広げることが指摘されており、曹喜勝《ジョフィスン》氏は楽浪郡域の板石硯を集成し、二六例の出土品を紹介している。

三雲の板石硯（以下、三雲硯と表記）は三方を欠くもので、現存長六・三センチ、現存幅四・四センチ、厚さ五・七～六・三ミリである。とくに裏面は平滑に打ち欠いたままの状態であることが特徴で、中国で用いられる硯のように本来は硯台に嵌めこむため、裏面には研磨などの丁寧な整形が施されなかったようだ。

出土地点である土器たまりとは、弥生時代中期～古墳時代初頭の土器が大量にふくまれるゴ

図40 ● **板石硯**（番上地区出土）
薄く、裏面に研磨を施さないことが特徴。
上のものは砥石として再利用されている。

ミ捨て場のような遺構である。硯は土器たまりの上層から出土しており、弥生時代終末前後の土器がふくまれていることから、この時期に廃棄されたことがわかる。しかし、三雲硯は硯として用いたのち、鉄器用の砥石として再利用しているため、実際に硯として用いた時期はもう少し古い段階になる。発表当初は、報道された新聞などに硯の表面のみが掲載されていて、「砥石ではないのか?」との問い合わせが多く寄せられ、硯の特徴や砥石に転用されていることを何度も説明したことを覚えている。ちなみに石材は層状に剝離する砂質頁岩《けつがん》である。

ただ、発掘の当初から板石硯であると認識できていたわけではない。武末氏に見ていただき、楽浪郡出土の長方形板石硯の資料調査所見と突き合わせて板石硯であると判断されたのである。私もその場に立ち会う機会を得たが、何が出てもおかしくない三雲・井原遺跡の魅力、怖さを感じるとともに、それを前提とした取り組みの必要性を痛感させられる場となったのである。

三雲・井原遺跡での板石硯の発見後、柳田・久住両氏による継続的な調査で板石硯と確認された石製品が急増している。筆者はその総数を把握できていないが、北部九州だけでなく広域に分布することから、当初想定していた文字を介した対外交流だけでなく、異なる用途も考えなくてはならないかもしれない。なお、最近は板石硯に付着する黒色物質の分析も開始されるなど、板石硯研究の展開に目が離せない状況がしばらく続きそうである。

また、文字を書くには筆が必要である。韓国慶尚南道義昌郡《キョンサンナムトウィチャン》に所在する茶戸里《タホリ》遺跡からは筆が出土しており、弥生時代の遺跡からも出土が期待される。なお、三雲番上地区の遺構面（地山《じやま》）は礫混じりの砂質土であり、耐水機能がないことから遺物の保存状態は悪く、筆の出土は難しい。しかし、時代は異なるが平城宮跡からは筆箱も出土しており、筆以外からのアプローチも可能であろう。

そのほか、実際の文字資料の出土も期待される。近年、壱岐のカラカミ遺跡から「周」と刻んだ中国系の土器が出土しており、古くは三雲八龍地区から「竟（鏡）」と記す刻書土器が出土していることからも（図41）、新資料の発見に期待が高まるとともに、これまでとは異なる新しい弥生社会像が描ける日も近づきつつある。

楽浪系土器と板石硯が語るもの

国内二例目となる三雲硯の出土は、発見当時大きな話題となったが、その理由のひとつは、弥生時代における文字使用という、これまでの弥生時代社会のイメージを大きく変える可能性をもつ板石硯が、対外交渉の一大拠点であった三雲・井原遺跡、なかでも楽浪系土器が集中する番上地区から出土した点にある。

「倭人伝」にある「（正始元年に）倭王、使いに因って上表し、詔恩を答謝す」という記述は、中国との交流に文字を用

図41 ● **「竟（鏡）」と刻まれた刻書土器**（八龍地区出土）
口縁部に刀子状の鋭利な工具で「竟（鏡）」と刻む。左が上、右が下という字の向きから、土器を寝かせた形で刻んだものと思われる。

いていたことを示している。また、「(楽浪・帯方）郡が倭国に使するに、皆、津に臨みて捜露《そうろ》す。文書、賜遺《しい》の物を伝送し女王に詣らすに、差錯するを得ず」という外交文書の作成・点検に関する記述は、対外交流が盛んであった伊都国の中枢にいる人びとが文字を理解していた、もしくは王たちに対外交渉などに関する助言をおこなうブレーン的な役割の渡来人がいたことを示している。三雲硯の確認は、このような推定が文献とともに出土品からも可能にした点で大きな成果であったといえよう。

『漢書』地理志には「楽浪海中に倭人有り、……歳時《さいじ》をもって来り献見《けんけん》す」とあり、倭人が定期的に中国に使者を送っていたことが記されている。考古資料からみると、三雲南小路王墓や須玖岡本王墓に中国からの舶載鏡が集中することから、中国との交流は、のちの伊都国と奴国となる地域が主体であったとされる。また、楽浪系土器の集中的出土は楽浪郡・帯方郡からの訪問者の滞在が想定され、「倭人伝」の伊都国の項にある「(楽浪・帯方）郡使《ぐんし》往来し常に駐する所」という記述を裏づけるものとして評価されてきたが、それに加えて、楽浪郡と伊都国との間における人・モノ・情報の交流が文字を介したものであった可能性も高まっている。このように交流を管理・差配することが、伊都国における継続的な王の輩出につながったものといえよう。

現在、九州大学の伊都キャンパス移転にともない、糸島市内で留学生の姿を目にすることが増えてきたが、同じような光景は外国からの使節などを頻繁に受け入れていた弥生時代後半の三雲・井原遺跡でもみられたものと思われる。

第5章　王都をとりまく拠点集落群

1　海と陸のネットワークを探る

これまで伊都国の国邑についてみてきたが、伊都国域には三雲・井原遺跡を中心にして、拠点的な集落遺跡が衛星的に点在し、とくに港津的機能をもつ沿岸部の集落間は互いに強い交易ネットワークでむすびついていた。その交易圏は壱岐・対馬をへて大陸までのびていたものと考えられる。現在までに調査が進んでいる遺跡からその状況を確認してみよう。

遺跡間の交流は海路と陸路を用いる。海路を語る資料としては、準構造船や櫂《かい》の存在とともに、ヒョウタン形土器が注目される。この土器は原の辻遺跡、カラカミ遺跡と比恵・那珂遺跡、元岡《もとおか》・桑原《くわばら》遺跡と志登尾北《しとおぎた》遺跡という一支国・奴国・伊都国の地域から出土する。『日本書紀』に収められた茨田堤《まんだのつつみ》や川嶋河《かわしまがわ》のミッチの説話や、『古事記』にある神功皇后が朝鮮への渡海に際して「真木を焼いた灰をヒョウタンに入れ、それと箸・葉盤《ひらで》を海に散らし浮かべるとよい」という神託を得た記述などから、古代の人びとにはヒョウタンが水に沈まないものという認識が存在し、これを模してつくられたヒョウタン形土器を航海の安全・無事を祈るという航海祭祀用の器具として用いた可能性が高い。

なお、三雲・井原遺跡の西側を北流する瑞梅寺川の水深は現在では浅いが、地元の人の話では「上流にダムができる前までは、川で泳ぐことができるぐらい深かった」とのことで、王都へは川を利用した人・物の移動があったとも考えられる。

陸路は、「倭人伝」に「(対馬国の)土地は山険しく、深林多く、道路は禽鹿《きんろく》の径《みち》の如し」や「(末盧国は)草木茂盛《もせい》し、行くに前人を見ず」との記述があり、対馬国や末盧国では道が整備されておらず、海路を重視した様子がうかがわれる。しかし、伊都国より先では、そのような記述がなく、魏から派遣された使者がみても、とくに違和感がない道路があった可能性が春成秀爾《はるなりひでじ》氏によって指摘されている。実際、奴国域

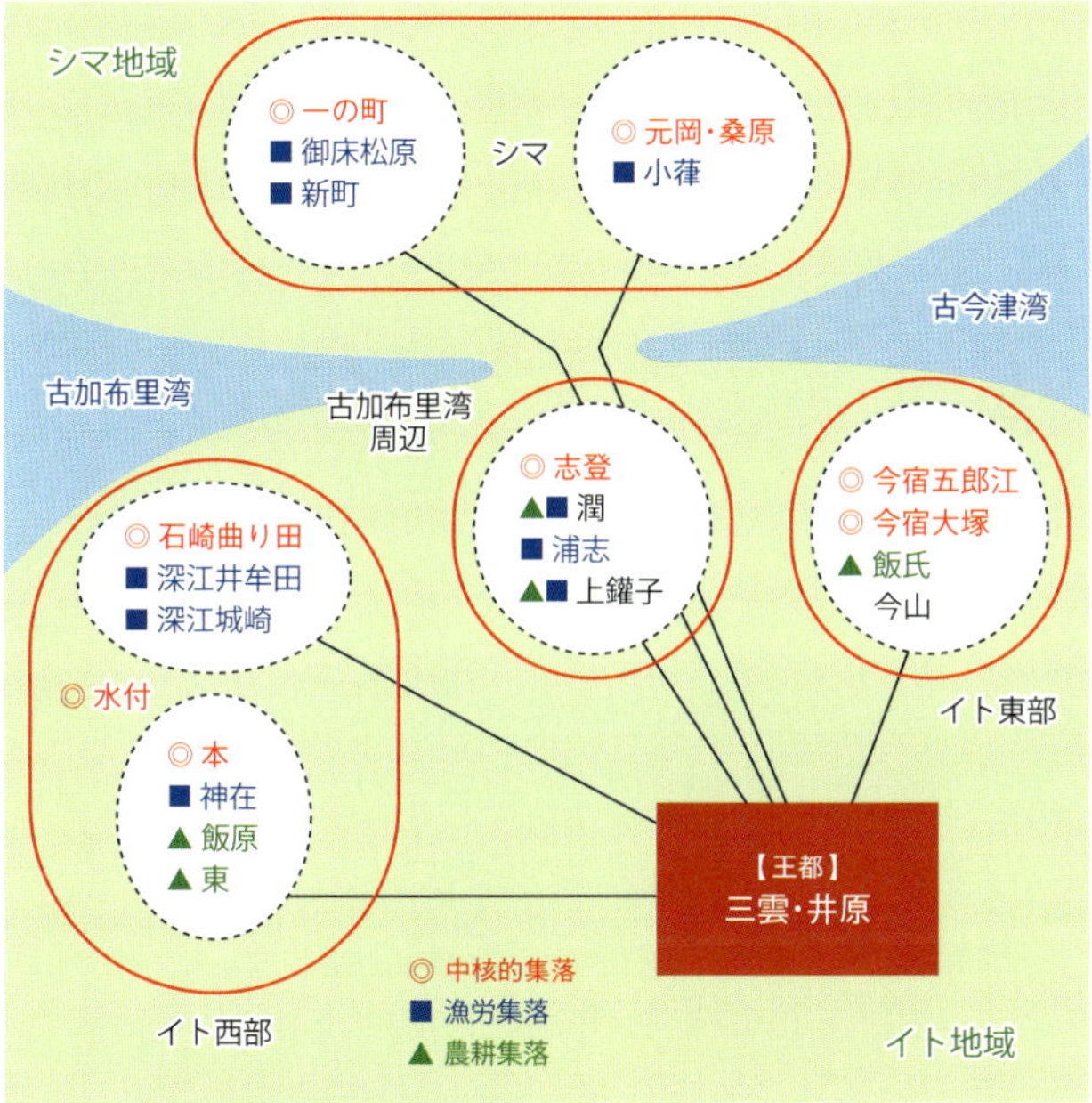

図42 ● 伊都国域の集落構造模式図
怡土平野に展開する伊都国の王都、三雲・井原遺跡を中心に、イト地域の東西や古加布里・今津両湾の入江をはさんだシマ地域にも拠点となる遺跡が衛星的に分布する。

の比恵・那珂遺跡では両側に側溝をもつ道路状遺構が確認され、伊都国域でも志登地区から三雲・井原遺跡に向かう南北路が想定されるとともに、東高田《ひがしたかた》遺跡では北西から南東にのびる併行溝が六〇メートルほど確認されている。

また、この時代には陸路による物資の輸送は、馬などではなく人力によるものが基本と考えられ、実際に上鑵子《じょうかんす》遺跡では運搬具である背負子《しょいこ》なども出土している。

このように伊都国域では、陸路の整備が進むとともに、海路による積極的な対外交流や物資の移動がおこなわれていた。

2 拠点的な弥生集落

国邑をとりかこむ衛星集落

伊都国が所在する糸島の地形は、西側に口を開いた「龍の首」と評される（図3参照）。地図の中央よりやや南東寄りに伊都国の王都、三雲・井原遺跡が所在するが、これをとりかこむように伊都国を構成する衛星集落が展開する（図42）。とくに集中するのが、西から、①イト西部（深江湾沿岸部）の遺跡群、②シマ（引津湾沿岸・可也山《かやさん》周辺）の遺跡群、③古加布里湾の遺跡群、④イト東部（古今津《いまづ》湾沿岸）の遺跡群で、玄界灘沿岸部に展開する遺跡が多い。以下、そのなかで特徴的な遺跡を紹介し、伊都国の具体的な姿をみていく。

深江井牟田遺跡―伊都国の西の港津集落

深江井牟田《ふかえいむた》遺跡は、糸島市西部の深江湾に面した旧砂丘台地上に立地する、弥生時代中期後半から古墳時代初頭にかけての集落遺跡である。一九九〇～一九九一年度の発掘調査で確認された遺構は、土坑、溝、甕棺墓などがある。住居跡や掘立柱建物など人びとの居住を示す直接的な遺構は確認されていないが、大規模な土器たまりの存在は、未調査区における居住域の存在を感じさせるものであった。

土器たまりからは、弥生時代中期後半から古墳時代初頭の土器が大量に出土しているが、このなかから楽浪系土器が九点出土している。器種は鉢、筒杯など複数あり、その大半は土器たまりの上層で出土していることから、弥生時代後期後半～古墳時代初頭のものと考えられる。

また、土坑から異形の小型銅剣が二本出土している。いずれも全長一五センチ程度と短く、国内の類例がほとんどないもので、中国式銅剣とされる。先述した楽浪系土器とあわせて考えると漢系遺物が集中している点は注目される。

調査を担当した古川秀幸《ふるかわひでゆき》氏は、調査地点に砂丘台地が存在し、ラグーン状（外海から隔てられた水深の浅い水域）の地形を呈することから、船の出入りも十分想定でき、対外交渉の玄関口であるとともに、後述する御床松原《みとこまつばら》遺跡とならぶ伊都国の港としての性格を見出している。

なお、近年、深江井牟田遺跡の東に接する深江城崎《じょうざき》遺跡で、二〇二一年度に宅地造成にともなって砂丘台地から谷への地形変換点部分にあたる箇所が発掘調査された。そこでは大量の土器とともに容器類や椅子・背負子などの木製品が確認されている。とくに注目されるものが国内二例目となる「クジラ」を線刻した絵画土器である（図43）。これまで「クジラ」を表した絵画は唯一、一支国の中心的集落である原の辻遺跡で確認されていた。両者ともに壺の肩部に「クジラ」を描き、その表現もよく似ていることから、両国の密接な関係性を示すものといえる。さらに周辺遺跡も加え楽浪系土器が多数出土している。この周辺では現在も発掘調査が継続されており、イト西部の港津集落の具体的性格が明らかにされつつある。

図43 ● 土器に描かれた「クジラ」
深江城崎遺跡出土。海を介した一支国との交流でたびたび遭遇したクジラを描いたものか。

御床松原遺跡―対外交流の窓口

近年、注目を集めているのが御床松原《みとこまつばら》遺跡である。糸島半島の西側から入りこむ引津湾に面した標高五〜六メートルの低砂丘上に位置しており、弥生時代から古墳時代にかけての竪穴住居跡を主体とする集落が確認されている。その西側には墓地遺跡である新町《しんまち》遺跡があり、集落域と墓域が明確な一体的な遺跡群が形成されている。

御床松原遺跡は、一〇〇軒を超える竪穴住居跡が確認されており（図44）、糸島における拠点的集落であるといえる。遺跡の立地から、耕地としての水田域を周辺にもたず、石包丁の出土もわずかである一方で、石錘《せきすい》をはじめとする大量の漁労具の出土から、生業の主体を漁労においていたと考えられる。ちなみに、丸みをもつ円礫の長軸を打欠いて錘とする打欠《うちかき》石錘は二七五点出土しており、糸島半島内における集中分布域となっている。

加えて貨泉や半両銭などの中国銭や後漢鏡片、楽浪系土器、多量の鉄器も出土することから、漁労に生業の主体をもちつつも、対外交渉の基地のひとつとしての役割を果たした遺跡であったと考えられる。

武末純一氏は、弥生時代の集落を分類し、漁具が卓越する一方で石包丁の出土量が一般的な農村遺跡の五分の一程度である遺跡を海村《かいそん》と性格づけた。これらの遺跡は、海上交易の結節点に存在し、弥生時代後半には楽浪系土器や中国銭が目立つようになるため、この時期に楽浪・帯方郡までのびる交易網に組みこまれたとする。御床松原遺跡は海村遺跡の代表的な事例で、伊都国の交易港の一つに該当するといえよう。

図44 ● 御床松原遺跡調査区全景
弥生時代の海村と位置づけられる集落遺跡。海に面した遺跡で、多くの漁労具が出土するとともに、中国銭や後漢鏡片も出土しており、伊都国の対外交流の一翼を担う。

また、近年ではこの遺跡からも板石硯の存在が指摘されるとともに、アワビ真珠の獲得など、対外交易を視野に入れた資源開発が活発化していた可能性が高まりつつある。

一の町遺跡―シマの中核的集落

これまで紹介したように、伊都国全体の王都は三雲・井原遺跡であるが、シマ地域の中核的集落が一《いち》の町《まち》遺跡である。一の町遺跡は可也山《かやさん》の北東部に位置する弥生時代中期前半〜後期後半にかけての掘立柱建物を主体とする集落であるが、そのなかには一〇〇平方メートル近い大型掘立柱建物群もふくまれており、中核的な集落として考えられている。出土遺物は、大量の弥生土器とともに銅鏡片や楽浪・三韓《さんかん》系土器などの外来系遺物もみつかっており、臨海部の交易拠点であった御床松原遺跡の管理者がいた可能性も考えられる。今後はこの遺跡と伊都国の中心集落である三雲・井原遺跡との関係性や役割分担の有無などの検討が求められよう。

元岡・桑原遺跡―三韓地域との交流と航海祭祀

元岡・桑原遺跡は、九州大学伊都キャンパスの建設工事にともなう発掘調査成果によって、弥生時代に関しては、出土品から対外交流の拠点であったことがうかがえる。貨泉などの中国銭が多く出土するとともに、朝鮮半島南部にあたる三韓地域の土器は一一点確認されており、いずれも壺であることが注目される。

三韓系土器の特徴のひとつとして、土器の表面に格子目《こうしめ》タタキ（土器を成形する際についた工具痕の一種）をほどこすことがあげられるが、この遺跡ではその技法をとり入れ、弥生土器・土師器にほどこすものが出土している（図45）。その器種は大小の甕、短頸壺《たんけいつぼ》、鉢、器台、支脚《しきゃく》があり、すべて合わせると一〇〇点ほど出土している。胴部や突帯など部分的に格子目タタキをほどこすものが多いが、このような例は元岡・桑原遺跡をのぞくと、北部九州でもほとんどみることができない。ただ、壱岐の山中《やまなか》遺跡では格子目タタキをもつ壺が土器棺として用いられており、森本幹彦《もりもとみきひこ》氏は元岡・桑原遺跡から運ばれたものとする。

また、弥生土器に三韓系土器の工具を用いるということは、元岡・桑原遺跡における三韓の人びとの一定の滞在を想定できるもので、楽浪郡や帯方郡の使者が滞在した三雲・井原遺跡と対比的な様相である。一方、楽浪系土器は椀形のみが出土しており、この点はつぎに述べる今宿五郎江《いまじゅくごろうえ》遺跡と共通する特徴をみせる。なお、ヒョウタン形土器が複数個体出土しており、航海祭祀の存在を示すとともに、出土品とあわせると元岡・桑原遺跡も伊都国の窓口のひとつとして機能していたものと思われる。

図45 ● 格子目タタキがついた弥生土器
元岡・桑原遺跡出土。格子目タタキは甕や器台などにごくわずかにみられるもので、半島系の人びとの定着を証明する痕跡である。

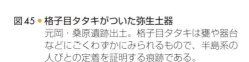

今宿五郎江遺跡―伊都国東部の玄関口

糸島平野の東縁部に位置する今宿平野は、東西約六キロ、南北二キロの小平野である。その中心的集落が今宿五郎江遺跡で、高祖山《たかすやま》から北に派生する低丘陵の先端部に位置している。弥生時代中期後半から遺構が急増し、後期初頭には東西約二〇〇メートル、南北約二七〇メートルの楕円形を呈する環濠集落が形成される（図46）。環濠内には掘立柱建物を主体とする居住区が広がる。環濠は幅三メートル、深さ一・五メートル程度で、弥生時代終末～古墳時代前期前半に埋没して終焉を迎える。

遺跡からは弥生土器を主体とした大量の遺物が出土している。そのなかから楽浪系土器三〇点以上、後漢鏡片四点、貨泉五点、鋳造鉄斧七点など楽浪郡由来の遺物とともに、三韓系土器や銅鈴《どうれい》、鉄鎌など三韓地域に由来する遺物も出土している。とくに楽浪系土器は、ほぼ椀形のものに限られることが注目される。

また、西部瀬戸内から東海地域までの外来系土器も出土しており、大陸との対外交流だけではなく、列島各地との交流も盛んで、伊都国における東の玄関口としての性格をもっていた。今宿五郎江遺跡は伊都国からの情報・物資の発信・発送の拠点であるとともに、列島各地からの訪問者を受け入れる窓口として位置づけられよう。

さらに生産関係遺物として、武器形青銅器の鋳型や小銅鐸の鋳造欠陥品なども出土していることから、青銅器生産がおこなわれていたことも想定される。環濠からは少し離れた今宿大塚《おおつか》遺跡では、鍛冶工房ともいえる住居跡が確認され、鏨《たがね》切断による鉄鏃が生産されていた。また、小規模ではあるが碧玉・水晶製玉作のほか、朱の付着した石杵や土器など朱精製関連遺物も確認されている。木製品も多く、農耕具のほかに案《あん》（机台）や紡錘車の未成品も出土している。

調査を担当した森本氏は、当遺跡の性格として、半島系遺物や漁労具とともに多量の農耕具が出土しているため、「海村」的なものとは異なる可能性を指摘する。たしかに、外来系遺物が多く出土する点は共通するものの、環濠の存在や農耕具の出土などこれまで述べてきた沿岸部の遺跡とは異なる点も多く、今後、遺跡の具体的な姿をさらに明らかにしていく必要があろう。

なお、古墳時代前期になると今宿遺跡の海浜部で土器による製塩が開始される。これらは備《び》讃瀬戸《さんせと》地域からの技術移転と考えられ、弥生時代後半に構築された情報ネットワークを活かした受容であったといえる。

今山遺跡―伊都国ブランドの石斧

古今津湾沿岸に位置する標高八〇メートルほどの今山《いまやま》は、弥生時代前期〜中期における玄武岩を用いた石斧生産遺跡として著名な遺跡で、山全体が国史跡として指定されている。今

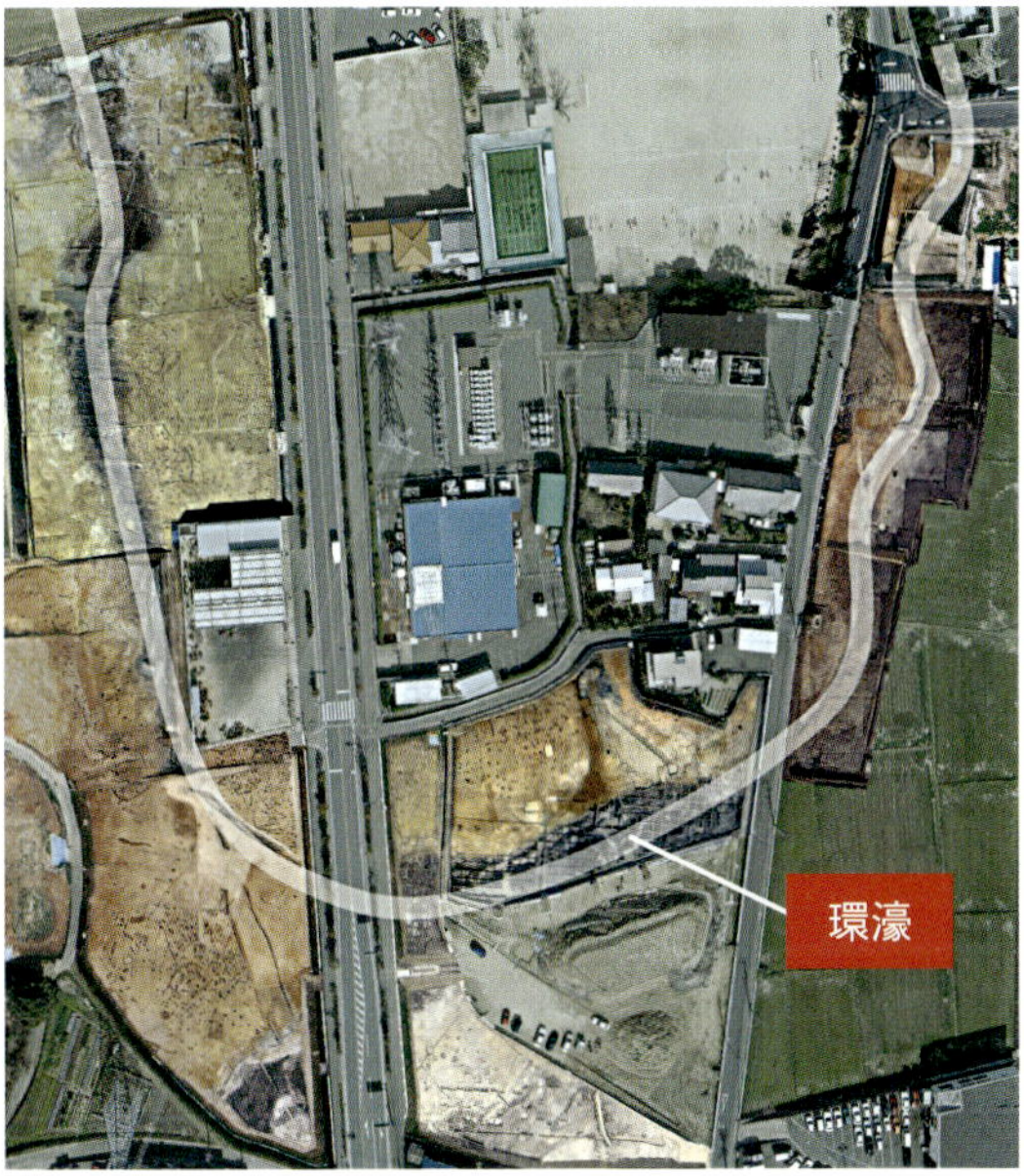

図46 ● 今宿五郎江遺跡の環濠
環濠に囲まれた今宿五郎江遺跡の集落からは、半島や列島各地からもちこまれた遺物が多く出土する。

山遺跡における石斧生産は古くから注目されており、その研究は一九二三年の中山平次郎博士による発見にまでさかのぼる。中山博士は①粗割《あらわり》→②打裂《だれつ》→③敲打《こうだ》→④研磨という製作工程を復元するなど（図47）、研究の基礎を固めた。その後、調査の進展にともない、今山産石斧は北部九州全域に分布することが判明し、当時の一大ブランド品として、弥生時代の人びとに受容されていたことが明らかにされている。なお、玄武岩は硬質かつ緻密で石斧の素材として適切であることに加え、今山自体が玄武岩でできた山で素材の確保が容易であることが、生産地として発展した大きな要因である。もうひとつ加えるならば、今山が古今津湾に接しており、水運を利用しやすいことも理由といえる。船を用いることで、重量がある石斧未成品の大量移動が可能になったことが容易に想像できる。このような石斧生産・流通には、遺跡の地理的位置関係から三雲・井原遺跡の人びとが関与していたと思われ、これにより伊都国は北部九州各地と流通ネットワークを構築し、弥生時代中期後半に王墓を誕生させるまでの力を蓄えたと考えられる。

石斧生産は弥生時代中期に終焉を迎えるが、古墳時代前期には

図47 ● 今山遺跡における石斧の製作工程
左から粗割・打裂・敲打・研磨段階。今山の石斧生産・流通の差配が、のちの伊都国隆盛の礎となった可能性がある。

今宿遺跡と同様に備讃瀬戸地域の影響を受けて土器製塩が始まる。今山遺跡では北部九州で唯一、層状に堆積した形で製塩土器が廃棄されており、このことから大規模な土器製塩が想定できる。北部九州における土器製塩の実態解明は今後の課題といえるが、製塩をおこなう場所の提供など、伊都国が関与していた可能性は高い。

潤地頭給遺跡—碧玉・水晶製玉作と準構造船

現在、糸島半島の低地帯には水田が広がっているが、これらの大半は近世の干拓でつくられた新しい水田で、弥生時代には東から今津湾、西から加布里湾が大きく入りこんでおり、南の潤《うるう》地区や志登地区と北にある泊地区が陸橋のようにつながっていたようである。また、周辺の発掘調査の結果などにより、かつての潤地区では南北にのびる微高地と谷が複数確認されており、起伏に富んだ地形であったと考えられている。

そのような、潤地区に所在する潤地頭給《うるうじとうきゅう》遺跡では、二万二〇〇〇平方メートルもの発掘調査がおこなわれ、弥生時代終末から古墳時代前期前半の玉作工房跡が確認されている（**図48**）。玉作工房は周溝をめぐら

図48 ● 周溝をめぐらせた玉作工房跡（潤地頭給遺跡）
このような住居跡は山陰の玉作遺跡でもみられることから、
玉の素材だけでなく、両地域間の工人の移動も考えられる。

せた方形の竪穴住居で、東西八〇メートル、南北一三〇メートルの範囲に三三軒確認された。玉の素材は碧玉・水晶・メノウ・鉄石英《てつせきえい》・蛇紋岩《じゃもんがん》があるが、碧玉がもっとも多く、分析の結果、島根県花仙山《かせんざん》産と判明した。花仙山産碧玉は地元の島根県で弥生時代後期後半以降に用いられる石材であるが、弥生時代終末以降に六〇〇キロほど離れた本遺跡にまで搬入され、玉作工房が営まれたのである。その理由や動機、つくられた玉の搬出先などは今後の検討課題である。

また、玉作工房群の東端には井戸が確認されている。糸島において弥生時代～古墳時代にかけての井戸の確認例は少ないが、玉作では研磨工程などで水が必須であることから設置されたのだろう。なお、本例は準構造船の部材を井戸枠として用いており（図49）、船を石材などの物資や工人の移動に用いたのち、終着点ともいえる本遺跡で井戸枠として転用したとも考えられる。

図49 ● 井戸枠に転用された準構造船（潤地頭給遺跡）
伊都国域で確認された井戸は少ないが、玉作にともなう水の確保のため、船部材を井筒として頑丈な井戸を設けている。

本遺跡をふくむ潤遺跡群は、王都である三雲・井原遺跡の北四キロの地点に位置しており、かつ東西から入りこむ入江の付根部分に位置することから、三雲・井原遺跡にもちこまれる外来系文物の選荷場のような機能をもっていた可能性がある。近年、潤地頭給遺跡に西接する潤《うるう》古屋敷《ふるやしき》遺跡で弥生時代中・後期の倉庫群と思われる遺構も確認されており、「倭人伝」にある「皆、津に臨みて捜露す。文書・賜遺の物を伝送し女王に詣らすに、差錯するを得ず」という記述の原風景がこのあたりにある可能性も高まっている。

伊都国域の集落構造

伊都国域における弥生時代集落の中核は、王墓が代々築かれる三雲・井原遺跡であるが、近年の発掘調査の進展で、三雲・井原遺跡を中心に据えつつも、水系・小平野ごとにまとまりをもつ重層的な構造が明らかにされつつある（図42参照）。

シマ地域では大型掘立柱建物と楽浪系土器などが確認された一の町遺跡を核とし、沿岸部に港津的性格をもつ御床松原遺跡・新町遺跡が配される。同様の状況はイト西部地域でもみられ、石崎曲り田遺跡を中心集落とし、楽浪系土器が確認される深江井牟田遺跡・深江城崎遺跡が伊都国の西の玄関口としての役割を果たしている。

一方、古加布里湾沿岸からイト地域東部ではやや様相が異なり、今宿五郎江遺跡、志登遺跡群、潤遺跡群、元岡・桑原遺跡などは直接海に面した交易港的性格をあわせもつ中心的集落と位置づけられる。

これらの成果を「倭人伝」に記された使者が訪れる道程、いわゆる「倭人伝ルート」と重ねると、末盧国から海路では深江井牟田、深江城崎遺跡へ入港し、陸路では石崎曲り田遺跡をへて、古加布里湾を東へ進み潤遺跡群あたりから南下して三雲・井原遺跡にいたるものと思われる。伊都国から奴国へは海・陸路ともに、潤・志登遺跡群もしくは今宿五郎江遺跡から東へ進むものと考えられる。また、伊都国域と一支国域の土器はよく似た様相を示し、最近は「クジラ」という同じモチーフを描く絵画土器も確認され、両者の密接な関係が想定されている。御床松原遺跡などは一支国などを対象とした伊都国の外港としての位置づけも可能であろう。

これまで伊都国では王墓や有力者層の墓制の研究が先行していたため、その副葬品の国際性や豪華さなどから伊都国のイメージが形成されていたが、近年の調査の進展により伊都国の集落の具体的かつ重層的な姿を描くことが可能になりつつある。

3　これからの三雲・井原遺跡

今後の史跡整備にむけて

三雲・井原遺跡の大部分は現在、水田などの耕作地と居住地になっている。一九九四年から、三雲・井原遺跡の実態解明と恒久的な保存をめざして、行政による重要遺跡確認調査が始まった。これにより有力者層の墓群や首長居館、集落域の確認、番上地区土器たまりの再調査など数々の成果があがったが、国の史跡に指定されるまでにはかなりの時間を要した。ようやく二〇一七年六月一六日に文化審議会から史跡に指定する旨の答申が文部科学省に出され、一〇月一三日に正式に指定されることになった。これは、一八二二年の三雲南小路王墓の発見から数えると一九五年目のことであった。

遺跡の発見からは長い年月を要したが、恒久的な保存に向けての第一歩を刻めたことは、市の文化財保護を担当するものとして素直に喜びたい。ただ、史跡に指定されているのは遺跡のごく一部分だけであり、本格的な保存・整備や活用に取り組む必要性が高まっているが、今後の課題も多い。

三雲南小路王墓発見から二〇〇周年をむかえ、近年は遺跡に関するシンポジウムが開催されるなど、活用の取り組みも進められている。近年、遺跡を紹介する映像を作成したほか、伊都国歴史博物館では記念特別展も開催し、多くの方々に三雲・井原遺跡をはじめ伊都国の遺跡の重要性を知ってもらう機会となった。今後は遺跡の見学者のみならず、将来、史跡を守る担い手となるべき市内の小・中学生の理解を進める取り組みなどもおこなっていく必要がある。

遺跡の保存と活用の在り方はさまざまな形があると思う。伊都国歴史博物館の来館者から、糸島には「倭人伝」の風景がよく残っているという意見をいただいたことが強く印象に残っている。ほかの地域では失われつつある弥生の原風景が、ここ糸島市には残されていることを強みとして、伊都国の王都三雲・井原遺跡とともに保存・活用し、いつまでも「倭人伝」の原風景を感じてもらえるようなまちづくりを進めていく必要があると考えている。

参考文献

伊都国歴史博物館編　二〇一六『王の鏡─平原王墓とその時代─』伊都国歴史博物館特別展示図録
伊都国歴史博物館編　二〇二〇『伊都国』令和版　糸島市立伊都国歴史博物館常設展示図録
伊都国歴史博物館編　二〇二二『伊都国王誕生』伊都国歴史博物館特別展示図録
糸島市教育委員会編　二〇一三『三雲・井原遺跡Ⅷ─総集編─』糸島市文化財調査報告書　一〇
糸島市教育委員会編　二〇一七『新訂版国史跡曽根遺跡群─平原遺跡─』糸島市文化財調査報告書　一六
江﨑靖隆　二〇二〇「三雲・井原遺跡下西地区の方形環溝について」『糸島市立伊都国歴史博物館紀要』一五
岡部裕俊　二〇一四「糸島地方出土の弥生時代ガラス集成」『糸島市立伊都国歴史博物館紀要』九
岡村秀典　一九九九『三角縁神獣鏡の時代』吉川弘文館
久住猛雄　一九九九「弥生時代終末期『道路』の検出」『九州考古学』七四
久住猛雄　二〇〇七「『博多湾貿易』の成立と解体」『考古学研究』五三─四
角　浩行　二〇〇六「三雲・井原弥生集落の成立と変遷」『糸島市立伊都国歴史博物館紀要』一
高田健一　二〇二一「魏志倭人伝からみた弥生時代倭の天然資源」『昼飯の丘に集う』中井正幸さん還暦記念論集
武末純一　一九九六「邪馬台国への道」『考古学による日本歴史』五　雄山閣
武末純一　二〇〇五「三韓と倭の考古学」『古代を考える─日本と朝鮮─』吉川弘文館
田村朋美　二〇二一「福岡県平原一号墓出土の紺色重層ガラス連珠の再検討」『日本文化財科学会大会研究発表要旨集』三八
西谷　正編　二〇一二『伊都国の研究』学生社
原田大六　一九六六『実在した神話─発掘された「平原弥生古墳」─』学生社
原田大六　一九九一『平原弥生古墳─大日孁貴の墓─』平原弥生古墳調査報告書編集委員会編　葦書房
春成秀爾　一九八五「道と運搬法」『弥生文化の研究』七　雄山閣
福岡県教育委員会編　一九八五『三雲遺跡　南小路地区編』福岡県文化財調査報告書　六九
福岡市教育委員会編　二〇一九『元岡・桑原遺跡群　三四』福岡市埋蔵文化財調査報告書　一三八五
前原市教育委員会編　二〇〇〇『平原遺跡』前原市文化財調査報告書　七〇
森本幹彦　二〇一〇「今宿五郎江遺跡の成立とその背景」『福岡考古』二二
柳田康雄　二〇〇〇『伊都国を掘る─邪馬台国に至る弥生王墓の考古学─』大和書房
柳田康雄　二〇一二「日本・朝鮮半島の青銅武器・武器形青銅器土製鋳型鋳造技術」『生産と流通』第一〇回九州考古学会・嶺南考古学会合同学会
柳田康雄　二〇一三「弥生時代王権論」『弥生時代政治社会構造論』柳田康雄古稀記念論文集　雄山閣

伊都国歴史博物館

・福岡県糸島市井原916
・電話　092（322）7083
・開館時間　9：00〜17：00
・休館日　毎週月曜日、年末年始。ただし、月曜が祝日の場合は開館し、次の平日が休館
・入館料　大人220円、高校生110円
・交通　JR筑肥線「周船寺（すせんじ）」駅よりコミュニティバスはまぼう号「川原線」で「伊都国歴史博物館」下車、徒歩2分

伊都国時代の出土品や糸島市内の遺跡などで出土した、数多くの文化財を収蔵・展示している歴史博物館。国宝に指定された「福岡県平原方形周溝墓出土品」をはじめ、伊都国王墓関連の出土品や伊都国の王都、三雲・井原遺跡の出土品などを展示している。伊都国を象徴する銅鏡、平原王墓出土の超大型内行花文鏡（直径46・5センチ）などは必見である。

伊都国歴史博物館

史跡　平原遺跡（曽根遺跡群）

・福岡県糸島市有田、曽根
・見学自由
・交通　JR筑肥線「筑前前原駅」から昭和バス（曽根線・雷山線）で「平原古墳入口」下車、徒歩3分

国史跡曽根遺跡群を構成する遺跡のひとつとして、1982年に国史跡に指定、2000年に追加指定された。現在は40面分の銅鏡が出土した平原王墓（1号墓）の方形周溝墓が復元され、平原歴史公園として整備されている。毎年秋には校区主催の「平原王墓まつり」も開催され、周辺に咲き誇るコスモスとともに、公園を訪れる人を楽しませてくれる。

平原王墓

遺跡には感動がある

――シリーズ「遺跡を学ぶ」刊行にあたって――

「遺跡には感動がある」。これが本企画のキーワードです。

あらためていうまでもなく、専門の研究者にとっては遺跡の発掘こそ考古学の基礎をなす基本的な手段です。また、はじめて考古学を学ぶ若い学生や一般の人びとにとって「遺跡は教室」です。

日本考古学では、もうかなり長期間にわたって、発掘・発見ブームが続いています。そして、毎年厖大な数の発掘調査報告書が、主として開発のための事前発掘を担当する埋蔵文化財行政機関や地方自治体などによって刊行されています。そこには専門研究者でさえ完全には把握できないほどの情報や記録が満ちあふれています。しかし、その遺跡の発掘によってどんな学問的成果が得られたのか、その遺跡やそこから出た文化財が古い時代の歴史を知るためにいかなる意義をもつのかなどといった点を、莫大な記述・記録の中から読みとることははなはだ困難です。ましてや、考古学に関心をもつ一般の社会人にとっては、刊行部数が少なく、数があっても高価なその報告書を手にすることすら、ほとんど困難といってよい状況です。

いま日本考古学は過多ともいえる資料と情報量の中で、考古学とはどんな学問か、また遺跡の発掘から何を求め、何を明らかにすべきかといった「哲学」と「指針」が必要な時期にいたっていると認識します。

本企画は「遺跡には感動がある」をキーワードとして、発掘の原点から考古学の本質を問い続ける試みとして、日本考古学が存続する限り、永く継続すべき企画と決意しています。いまや、考古学にすべての人びとの感動を引きつけることが、日本考古学の存立基盤を固めるために、欠かせない努力目標の一つです。必ずや研究者のみならず、多くの市民の共感をいただけるものと信じて疑いません。

二〇〇四年一月

戸沢充則

著者紹介

河合　修（かわい・おさむ）

1972年、福岡県福岡市生まれ。

西南学院大学法学部法律学科、別府大学文学部史学科卒業。

糸島市立伊都国歴史博物館学芸員を経て、現在は糸島市役所地域振興部文化課課長補佐。

主な著作　編著『王の鏡－平原王墓とその時代－』（伊都国歴史博物館特別展図録、2016）、編著『伊都国遺跡ガイドブック』（糸島新聞社、2001）

平尾和久（ひらお・かずひさ）

1975年、佐賀県唐津市生まれ。

福岡大学人文学部歴史学科卒業。

現在、糸島市役所地域振興部文化課主幹（糸島市立伊都国歴史博物館学芸員兼務）。

主な著作　編著『三雲・井原遺跡Ⅷ 総集編』（糸島市文化財調査報告書第10集 糸島市教育委員会、2013）、共著『伊都国の研究』（学生社、2012）

●写真借用・所蔵
伊都国歴史博物館：カバー・本扉・図2・5・6・9～12・14・15・18～22・26～32・37～41・43～45・47～49（うちカバー・本扉・27～32は国・文化庁所有、伊都国歴史博物館保管、6は志摩歴史資料館蔵、10・11左・14・39・41は九州歴史資料館蔵、11右は九州国立博物館蔵、20右は糸島高校付属郷土博物館蔵、45は福岡市埋蔵文化財センター蔵）／九州歴史資料館：図8・13・35・36／福岡市博物館 / DNPartcom（福岡市博物館蔵）：図16・17／西日本新聞社：図23／福岡市埋蔵文化財センター：図46
牛嶋茂撮影：カバー、図6・27～32・40・41・45

●図版出典（一部改変）
図3・4・7・24・25・33・42：伊都国歴史博物館常設展示図録2020より作成／図34：平成29年度伊都国歴史博物館冬季特別展図録『伊都国の王都を探る』2017より作成

上記以外：著者

シリーズ「遺跡を学ぶ」168

倭人伝に記された伊都国《いとこく》の実像　三雲《みくも》・井原《いわら》遺跡

2024年 9月 20日　第1版第1刷発行

著　者＝河合　修・平尾和久
発　行＝新 泉 社
東京都文京区湯島1－2－5　聖堂前ビル
TEL 03（5296）9620／FAX 03（5296）9621
印刷・製本／三秀舎

ISBN978－4－7877－2338－3　C1021

新泉社

シリーズ「遺跡を学ぶ」

024 **最古の王墓　吉武高木遺跡**　常松幹雄　1500円＋税

博多湾に面した早良平野・吉武高木で、大形の甕棺墓・木棺墓がつぎつぎとみつかった。時代は弥生中期はじめ、最古の王墓とその精神世界を語る。

034 **吉備の弥生大首長墓　楯築弥生墳丘墓**　福本　明　1500円＋税

吉備の中心地帯を望む小高い丘に、他の追随を許さない規模の弥生首長墓がある。遺構や弧帯文石などの特異な遺物を検討し、弥生の葬送祭祀と前方後円墳出現への道筋をさぐる。

108 **北近畿の弥生王墓　大風呂南墳墓**　肥後弘幸　1600円＋税

日本三景の一つ天橋立をのぞむ丘陵上の弥生墳墓から、美しいガラスの腕輪が出土した。鉄製武器など大陸とのかかわりがうかがえる「王墓」から、北近畿の「クニ」の姿を追究する。

115 **邪馬台国時代のクニの都　吉野ヶ里遺跡**　七田忠昭　1600円＋税

大発見以来、多くの論争の中心にあった吉野ヶ里遺跡。集落の成立から終焉までの展開をくわしく追究し、「倭人伝」記事との対照などをとおして、邪馬台国時代のクニの都に迫る。

123 **出雲王と四隅突出型墳丘墓　西谷墳墓群**　渡辺貞幸　1600円＋税

出雲平野を見下ろす西谷丘陵に、四隅が突き出した突出部をもつ巨大な墳墓がつくられた。弥生時代後期にとりおこなわれた墓上祭儀を明らかにし、古代出雲世界を追究する。

163 **奴国の王都　須玖遺跡群**　井上義也　1700円＋税

「漢委奴国王」の金印で有名な奴国。福岡平野を望む丘陵上に残された王都・須玖遺跡群から、その繁栄の実態と理由をさぐる。